田端のふしぎな家

みんな、素直になる！
みんな、いい顔になる！

髙橋文子

風雲舎

〈はじめに〉

わたしがここ東京都北区田端《たばた》の町に住んでから、はや五十五年の月日がたちました。越してきたばかりのころ、このあたりはまだ江戸の情緒をかすかに残して人情も厚く、とても住みやすい安気《あんき》な町でした。

田端は「文士村」とも呼ばれ、明治から昭和のはじめにかけては多くの文人《ぶんじん》墨客《ぼっかく》が居を構え、著名な芸術家たちが集う異色の里でもあったようです。実際わが家のすぐ近くには、明治の作家であり、女性解放運動家でもあった平塚らいてうさんが住んでいたそうです。

田端がそうした文化の薫り高い町とはつゆ知らず、越して来てから数十年、わたしは平凡な家庭の一主婦として家事に追われながらも、ごく安穏な毎日を過ごしていたのです。

ところが、いつごろからかは判然としないのですが、どうもわが家の様子がどこかふしぎであることに気づきました。

地震でもないのに、家がカタコトカタコトと揺れる。家の向かいの八幡神社の木々が異様な金色に輝く。父と主人がまったく同じ月日に永眠する。雛祭りに飾る内裏雛《だいりびな》のお姫様が笑う……。

こうした現象の数々に加えて、わが家にふしぎな体験をされた方がつぎつぎにみえるようになったのです。数々の著名人の運勢を占った女性霊能者、神の意志を文字にして示すシャーマンなど、霊能の世界に棲む人はもちろん、ふつうの主婦なのにとても信じられない異能を持つ人などなど……。

わたしが狙いを定めて近づき、お招きした人は一人もおりません。みなさんのほうからやって来ます。どうしてなのでしょう？　なぜわが家にこんなふしぎな人々が集まってくるのでしょう？

わたしの人生は後半になって大きく変わりました。五十歳のとき市井《しせい》の平凡な主婦からブティックの経営者へ、同時にある国際的慈善団体に加盟しました。そして七十歳のときに「サードファミリー」という〝お一人様〟のための任意団体を立ち上げました。そして八十歳になった今年、生まれて初めての自分の本を刊行することになったのです。

はじめに

五十歳までの人生とそれ以降の人生がこんなに変わるものかと自分でも驚いています。どうやらわたしも、ふしぎな生き方を誰かに導かれて歩んでいるようです。

でも、もっともふしぎなことは、わが家にみえた人みんなが、なぜか素直な気持ちになり、とてもいい顔になることです。

これはどうしたことなの？

自問自答しながら、この本を書き上げました。書き続けるなかで、わたしはその答えをおぼろげながらも見つけたような気がします。

「田端のふしぎな家」は、人間の魂の救済を求める心に、もしいらっしゃるとするなら、その神なる存在が、やさしく応えてくれた結果なのではないだろうか？――そんな気がしてならないのです。その理由は……どうぞ本書を開いてみてください。

わたしの人生を楽しくさせてくれた方々に心から感謝します！

平成二十二年五月　　　　髙橋文子

装画・題字――川村　康一
カバー装幀――山口真理子

田端のふしぎな家——目次

［第3章］「サードファミリー」の創設

［第4章］ふしぎな酵素風呂に魅せられて

［第1章］

浅草生まれのおきゃんな娘

幼年のころ

わたしは一九三〇（昭和五）年三月二十六日、父小林千代吉と母千代子の次女として東京浅草に生まれました。

両親は共に山形県の生まれで、父は上京して浅草橋の洋紙店に勤め、大正十二年の関東大震災のあとに独立、同地にて製紙会社を経営しておりました。兄弟は女四人、男二人の六人で、上から三人目までは女。次女のわたし一人だけが大きく生まれました。男の子のようなきかん気の子で、家に出入りしていた鳶職《とびしょく》の頭《かしら》にせがんで、肩車をしてもらって町を練り歩いたものです。わたしの鼻っ柱の強さは生来のものですが、このころさらに磨きがかかったのでしょう。まわりからお人よしといわれる世話好きな性格も、やはりこのころ触れた浅草の義理人情の気風によるものです。

小学校は浅草の石浜小学校。二年生のとき、ドイツからはるばる日本へツェッペリンの飛行船が飛んできました。その様子を絵に描いて展覧会に出したら、なんと海軍大臣賞をいただきました。それ以来、「小林（旧姓）は絵の天才だ」ともちあげられ、わたしもすっかりその気になって、卒業のときには校舎の壁に壁画を描かせてもらいました。

五年生のときに、父の会社の都合で葛飾区の四つ木に引っ越しました。四つ木は町工場の多いところでしたが、父も二百坪の紙ひも工場を建て、その敷地の中にわたしたちの住居がありました。

隣はセルロイド工場です。セルロイドの人形の体に火のついた線香で穴をあけ、ゴムひもを通して手を動かすようにするのが仕事です。引っ越して一年後のある日、線香の火が人形の山に落ちて火事になり、その工場はもちろん、わたしの家ももらい火で全焼してしまいました。

母はそのとき八カ月の身重の体を抱えていました。わたしたちはみんな学校にいて留守でしたが、母は小さい弟を抱きかかえて必死に逃げ出して助かりました。何も知らないわたしは、学校の帰り道、同級の男の子から「お前のうち焼けたよ」と告げられ、走って家に向かいました。家のまわりに大勢の人たちが集まっていて、家はすでに焼け落ちたあとでした。

この火事で額に入れて大事に飾っていた「海軍大臣賞」の賞状も焼けてしまいました。焦げ臭い庭でしょげていたわたしを、母がやさしく慰めてくれました。遠い記憶では、そのときのわたしは涙ぐんでいたようですから、よほどその賞状に思い入れがあったのでしょう。

幸いなことに、火事騒ぎにもめげず母は無事に五番目の赤ちゃんを出産しました。またもや女の子でしたが、「火事っ子」といって、とても気が強い子に育ちました。

女学校時代

そんな石浜小学校の楽しい時間もそろそろ終わるときがやってきました。女学校の受験が目前に迫っていたのです。当時の台東区には、都立第一高女（進学校）と都立忍岡高女（家庭婦人向き）の二校があり、わたしはどちらかを選ばないといけません。

両親はともに、「女は職業に就くことない。お華やお茶を習って早く嫁に行

一家で山形に疎開中、小磯國昭総理大臣が辞職後に遊びにいらしたときの写真。
中央のステッキを持つ男性が小磯元首相。その左隣が両親、間に長男。２列目の左に立って、すましているのがわたし。疎開中は県立山形第一高女に通っていた。

くこと」という考えの持ち主でしたから、迷わず忍岡高女を選びました。

忍岡高女の学舎は浅草橋の向柳原町のさる屋敷跡に建てられたもので、立派な黒門から入ります。大きな木の下に池があって、そのほとりに茶室があり、茶道とお作法の授業はそこで行なわれていました。

苦手だったのは、やかましい小笠原流の作法の時間です。白いソックスをはいた足が痺れて困りました。

逆に好きだったのは家庭科の時間です。台所のいくつも並んだ流し台で、蒸し器を使ってシューマイやお赤飯をこしらえ、料理の後始末をきれいにしてから、みんなで試食を楽しみました。

和裁の授業では浴衣《ゆかた》から袷《あわせ》まで縫いました。授業では袖だけを縫い、身ごろ縫いは宿題、家に持ち帰ります。いつも母の手を借りることになり、自分で最後まで仕上げることはありませんでした。

スポーツの時間は、校庭で二、三組の生徒がテニスをするぐらいで、わたしのような粗雑な人間にそんな優雅な競技は向いていません。手を出しませんでした。ところがある日、女子師範学校から赴任された先生が、「これじゃ、いけないな。なにかみんなでできるスポーツをやろう」と呼びかけたのです。

その先生は活発で背の高いわたしに目をつけ、団体競技のバレーボール部をつくりました。はじめはたくさんの入部があったのですが、だんだん一人減り、二人減りして、わたしの学年では二、三人になってしまいました。当時は九人制ですから、これは困ったなと思っていたら、次の学年の人たちが大勢入ってきて休部にならずにすみました。この子たちはとてもガッツがあって、どんなきつい練習にも音を上げずに頑張り通し、どんどん力をつけていきました。

そうなると、学校のほうでも力を入れ始め、外に出てたびたび他流試合をやるようになりました。東京都の決勝戦で当時最強といわれた中村高女を破って奇跡の優勝を遂げたこともありました。

背の高いわたしはセンターフォワードで、選ばれて初代キャプテンになりました。長いブルマーをはいたわたしはけっこう人気もあり、試合にはいつも姉が差し入れを持って応援に駆けつけます。選手たちは姉の差し入れをとても楽しみにしていました。わたしと違って静かな姉は、目立たないように目立たないようにと振る舞い、陰にまわってわたしを支えてくれました。

当然、勉強のほうはおろそかになります。そんなわたしを助けてくれたのが、同じクラスの藤岡敏子さん。学年総代をつとめるほどの秀才です。当時はコピーなどという便利なものはなかったので、いつもノートを二冊とり、一冊をわたしにくれるのです。

わたしはそのノートを頼りに期末試験に備えるのですが、たいてい一週間前ぐらいから始めるので時間が足りません。そのうち斜めに読んで頭に入れる方法を自分で編み出し、なんとか良い点をとることができました。この斜め読み勉強法はその後いろいろな場面でけっこう役に立ちました。そのかわり、英語や漢文など努力して覚えるものはいまだにまったくダメです。わたしに残ったのは、体力とインスピレーションだけです。

バレーボール部のレギュラーたちはそれぞれ個性の強い人たちでしたが、みんな素直でやさしい人たちばかり。なかで一人だけ、自分は運動能力がないからと裏方にまわり、マネージャーとして部を支えてくれたのが、馬場陽子さんです。

頭脳明晰で冷静な判断力。名マネージャーでした。彼女は卒業後、女子高等師範学校に進学し、卒業後教師になりました。後に進学塾を開き、わたしの息子たちもお世話になりました。わたしとはいまだに交際が続いていて、変わらず仲良しです。

振り返ってみても、二人はなぜあんなに仲良しだったのか、ふしぎです。キャプテンのわたしは、家庭でいえばお父さん。マネージャーの馬場さんがお母さんで、部員は子どもたちです。苦楽を共にした数年間で強い絆がつくりあげられたのでしょう。

いまは二人とも、クラス会でお会いするていどですが、会えば女学校時代を思い出して本当に懐かしくなります。

18歳、忍岡高女専攻科のころ。

父のこと

大家族がふつうだった昔は父親の存在は絶対で、怖い存在でした。けれど、わたしたち兄弟は全員、父親のことが大好きでした。

父の口癖は、「みんな平等に」。まだ戦前の家父長制が強く残っているころの、長男だけが特別扱いされる風潮があるなかで、女四人男二人の六人兄弟を公平に、平等にと、いつも気を配っていました。だからでしょうか、六人もいるわたしたち兄弟は本当に仲良しで、いつも一緒でした。

毎年、夏になると、熱海の旅館を借り、ひと夏を子どもたちだけで過ごします。母は東京でお留守番、父がときどき様子を見にやってきます。働き盛りの父は日ごろ帰りが遅く、何カ月も顔を合わさないこともありました。でも、どんなに遅く帰ってきても、寝ているわたしたちを一人ひとりだっこしてお手洗いに連れて行きます。眠っていても、ふしぎにそのことは記憶にあるのです。

父は小学校の作文に、「インドを独立させよ」と書いて誇大妄想狂ではないかと担任の先生から叱られたほど、小さいころから気の大きな人でした。気宇壮大というのでしょうか。その父が東京で事業に成功し、自分の通った小学校（山形県本郷東小学校）に体育館を寄贈しました。平成四年に校舎を建て替えるまで校庭に父の胸像が建っていたそうです。

その一面で親を思い、兄弟を思い、家族を思い、郷里のことを心にかける、まわりから神様のようだといわれるくらい、他人を思いやる穏やかな父でした。わたしも父に叱られたという覚えがまったくありません。夜遅くまで勉強していると、父がやってきて静かに、もう寝たほうがいいよと言います。こちらがハイと素直に言うことを聞けるふしぎな力を持つ人でした。

父が最初に興した会社は、中川（葛飾区高砂）の川沿いに建てた「高砂製紙」で、自分で特許をとった不燃紙をつくる会社です。

創立して数年後、石炭ボイラーの廃ガラから火が出て、風の強い日だったため、あっという間に工場が焼けてしまいました。

自宅と工場の二度も火事に遭い、大切な資産を焼き尽くしてしまったことで、母はとても火の始末に神経質になってしまいました。

新しくつくった工場の庭の入り口に伏見のお稲荷さんを祀ったのも、母の進言でした。毎年春に、日ごろお世話になっている町の人たちを招待して、そのお稲荷さんに御礼のお祭りをします。

敷地の広場に舞台をつくり、わたしたち姉妹も日ごろ習った日本舞踊を披露しました。にぎやかなお囃子のなかで、屋台のお料理を食べながら楽しく一日を過ごしました。

その後、たぶん昭和二十五年ごろ、住まいを神田の小川町に移したのですが、この小川町時代は父にとっては大変な受難の時でした。

会社が大きくなって社名も大東製紙と変わり、経営は順風満帆だったのですが、内部告発により突然国税庁の査察が入って大騒ぎになりました。

ちょうど同じ時期に、静岡の某製紙会社にも国税庁が入り、社長は覚悟の風呂敷包みを抱えて社長室の窓から脱出、下を流れる川に飛び込んで、会社の危機を救ったという話をあとで聞きました。父はこの事件がもとで、その後しばらく家に帰れませんでした。

同じような仕事、同じような立場にあり、同じ時期に起きた事件でありながら、父とその製紙会社の社長とでは、天地ほども違う境遇に分かれたのです。いずれにしても、社長という仕事の厳しさを思い知らされた一件でした。

父の留守のあいだ、じっとしていられなかったわたしたちは、母とわたしとお手伝いさんの三人で仕事を続けようと決め、倉庫に踏み抜きの機械を三台持ち込み、毎日深夜一時ぐらいまで内職仕事に精を出しました。

その内職は小学館の発行する雑誌の切り絵の切れ目を入れる作業で、足で一枚一枚踏んで切れ目を入れるのです。一枚数円の仕事で、これで何円、これで何円と数えながら機械を踏み続け、父の帰りを待ちました。

このときわたしは女学校の専攻科でしたが、この思いがけない不幸で根性が据わったような気がします。やれば、なにごとも怖くない。あきらめないで、なにしろ行動を起こす。そんな強い気持ちになれたものです。いま思うと、バレーボールで培《つちか》った体力と気力が役に立ったようです。

やがて父が帰ってきて、またにぎやかで平穏な日々が戻ってきました。父はそのころ山形県人会の会長をしていたため、県選出の国会議員、県知事、市長といった公職にある方や、親戚知人、新聞雑誌の記者たちが入り乱れて、毎日わが家に出入りしていました。

ご飯は毎日釜で二つ炊いていました。当時は薪で炊くので煙がもうもうと立って大変です。朝ご飯のときは、大きなテーブルにお茶碗が十いくつも並び、とろろ汁が入った大きなすり鉢、故郷山形のお漬物「おみづけ」や「晩菊漬け」を盛った大どんぶり、山形名産のなめこの味噌汁が入った大鍋などがデンと座っていました。

信心家の父が大きな神棚に手を合わせて上座に座ると、朝食が始まります。ときには朝からお酒がつけられ、わたしたち子どもも少しなめさせてもらいました。わが家の兄弟みんながお酒に強いのは、この昔の習慣のおかげでしょう。

ある日ちょっとした変事が起きました。神棚の横に、昭和の左甚五郎が彫ったという大黒様があったのですが、その大黒様の背中に刀で切りつけたように真一文字に亀裂が入ったのです。いつも出入りしていた白髭の神主さんがそれを見て、これは父の身代わりとなってできたものだから、京成中山の中山神社に納めたらいいと言います。母とわたしと妹の三人でその大黒様を持参し、うやうやしく奉納してきました。

考えてみますと、父も母も非常な篤信家でした。先祖を敬い、多磨霊園に大きな墓をつくっています。

大東亜戦争が激しくなり、わたしたち一家は山形へ疎開しました。父は、石炭の輸入が減って五つの工場にまわす燃料が不足するようになってきたため、山形県の亜炭鉱山を買い入れました。鮭川炭鉱といい、最上川水系の支流沿いにありました。

ある日父が、わたしにヘルメットをかぶせ、トロッコに乗せて、地下の深い採掘場に連れて行ってくれました。日ごろから父はわたしを男扱いしていました。この子なら連れて行っても怖れないと思ったのでしょう。

ヘルメットの電球を点け、地下に降りるときはさすがに恐怖心が湧いてきましたが、持ち前の好奇心の強さから、これから何が起きるのだろうと目を輝かせていました。

地下は広く、きちんと整備されていて、電気工具を使って鉱脈を掘っていました。もっとも、最深部の採掘現場は危ないからと見せてもらえませんでした。トロッコが走り、地上に亜炭を送り出しています。坑道の中は思ったより明るく、それほど危険に感じなかったのを覚えています。

後に父は、この炭鉱の管理を自分の兄に任せるのですが、わたしにとって伯父にあたるこの人は、のんきな父さんといった風貌の好人物で、わたしたち姉妹の顔を見ると、いつも懐に手を入れ、必ずお小遣いをくれるのでした。

戦後、父は最後の工場を神奈川県の厚木市につくりました。そのころわたしたち姉妹はみんな結婚して家を出ていました。工場の横を相模川が流れ、父はわたしたちを連れて支流に入り、投網の舟を出して遊ばせてくれました。このときの舟の中で食べた揚げたてのてんぷらの味はいまでも忘れられません。

こうして、穏やかな時が流れていたある日、突然父の会社が一夜のうちに乗っ取りに遭います。当時新聞で大きく騒がれた吹原事件です。

天国と地獄。「事業家は、一夜大臣、一夜貧乏」と父がよく言っていましたが、まさにそうでした。覚悟はいつもできているつもりでしたが、聞かされてビックリ。父と母は、結婚して田端にいたわたしが引き取りました。

父はそのころもう八十歳を過ぎていましたが、吹原事件のあと、「人間、最後は体、健康しかない」という信念から「浪越指圧学校」に通い、国家試験に合格して、「健康堂」という会社を興しました。研究熱心で、朝から晩まで指圧器具の開発に取り組み、自分の体で確かめ、わたしたちにも意見を聞いたりしていました。

外敵にやられてもやられてもめげず、すぐ次のことを考え、実行する。その行動力にはわが親ながら脱帽。恵まれた才能とおしまぬ努力には、ただただ頭が下がります。わたしたちも父のDNAを受け継いでいるので、行き詰まったとき、限界に突き当たったときは、いつも父のことを思い出して乗り切ってきたように思います。でも、まだまだ足元にも及びません。ですから、わたしたち兄弟は、みんなファザコンです。

父の取得した特許はいくつもありますが、父の死後に下りた特許が一つあります。「不燃紙」です。

アスベスト被害が少しずつ問題になり、父は燃えない紙の開発に取り組んでいたのですが、ガラスと組み合わせた紙の特許が下り、わたしはそれを「吉野石膏（タイガーボード）」に持ち込みました。

開発品は完璧なものでしたが、製品化するのに大変な金がかかる、実用化するのは無理と言われ、泣く泣く引き下がりました。

でも、すごいことです。アスベストが大きな問題になるのを見越してガラス繊維に着目していた父。このときばかりは、父が生きていたらと口惜しい思いをしました。

父は九十二歳の天寿を全うしてこの世を去りましたが、生前口癖のようにこう言っておりました。「死ぬときはみんなを呼んで、みんなに囲まれながら、さよならといって別れるからね」

まったくこのとおりになりました。四つ木の隠居所で風邪を引いて寝込み、わたしたち兄弟がみんな集まりました。父と楽しく語り合い、長男である弟だけを残して帰りました。翌日父は、昼御飯を母と二人で食べ、少し寝るといって横になりました。熱が出たのかなと母が父の額に手をやると、父は母の手の温もりの中で静かに息を引き取ったのです。

父らしい、静かで、穏やかな臨終でした。

母のこと

母は山形県の七軒村・貫見《ぬくみ》という土地で、十一人兄弟の四番目に生まれ、上十人が全部女、十一番目にやっと男の子が生まれたという大家族に育ちました。

祖父は小学校の校長で、祖母は一人娘。両親から厳格なしつけを受け、兄弟仲良く育ちました。

母が父のもとに嫁いで東京に来ると、母の妹たちが入れ代わり立ち代わり上京して、わたしの家から学校に通いました。母は自分の家族以外に、父方の親族と自分の妹たちの大家族まで、その面倒を一手に引き受けていたのです。

たとえば、いとこの青柳キク子さんは、山形から東京の老舗《しにせ》のお豆腐屋さんに嫁いで来た人ですが、嫁ぎ先の仕事と家事に疲れるとわたしの家に来て、母と楽しそうにおしゃべりをしていました。一人ぼっちの東京で母だけが身内。月に一度わたしの家に来ることが唯一の息抜きだったといいます。母は身内の人にとっては、太陽のような存在だったのでしょう。

わたしたちは、小さいころから絶えずまわりに大勢の人がいて、そのなかで暮らしていたので、にぎやかなことが大好きで、人間大好き。悪くいえば大雑把、良くいえば、太っ腹に育ったのです。

母は校長の娘として育てられただけあって、非常に教育熱心でした。わたしたち姉妹は小学校のころから家庭教師をつけられ、姉はまじめに勉強しました

父・小林千代吉、母・千代子。旅行先のホテルにて。

が、わたしはいつもトイレに駆け込んで逃げ回っていました。

　母はとてもきれい好きで、お掃除が大好き。家はいつもピカピカに磨かれていました。反面こういう人は、えてして料理が苦手です。掃除好きと料理上手は両立しないものです。お料理はお手伝いさんに任せきりでした。

　実は、わたしの料理好きは、そうした母に対する反発心もありました。

　父が九十二歳で亡くなり、その一年後の同月同日にわたしの主人が亡くなったのですが、母がわたし一人ではさびしいだろうと田端のわたしの家に移ってきました。五年後、父と同じ九十二歳で母も亡くなりました。

その日、わたしは自分の店である参宮橋のブティック「サロンドエフ」を七時ごろに出て、車で帰宅。母はいつも、わたしの車の音が聞こえると廊下のガラス戸を開けてわたしを迎えるのですが、この日に限ってその戸が開いていません。胸騒ぎがして急いで家に入りました。母の夜の楽しみは、わたしと二人で飲むビールでした。テーブルの上にはいつものようにグラスが二つ置いてありました。

母は横になっていて、「ちょっと気持ちが悪いけど、大丈夫よ」と言うのですが不安です。もう病院は閉まっている時刻なので救急車を呼びました。病院に着き、ベッドに寝かされると、そばにいるわたしの顔を確認して、母は目を閉じました。

そのうち、兄弟たちも駆けつけ、母は安心したようにお気に入りの主治医の先生に見守られながら父のもとへと旅立ちました。仲のよい夫婦の見事なお別れをわたしたちに見せてくれたのです。子どものわたしから見ても母は立派な人生であったと思います。

わたしの結婚、そして田端へ

神田の小川町に住んでいたころ、わたしにお見合いの話が持ち上がりました。お茶のお稽古の帰りで着物姿のわたしが自宅の玄関を入るところを、お芝居見物帰りのお隣の家のおばさまと、後に主人となる人のお母様がご覧になり、ちょうど背の高いお嫁さんを探していたので、「あら、いいわね」ということになったのです。

主人は長身だったので、お嫁さんも背の高い人というのが義母の望みだったのです。

お隣は男の子の四人兄弟、全員慶応大学を出て、美男子ぞろいでした。遊びにいらしてください、というお誘いに乗って伺うと、四人全員がそろっていて、なかに子どもが二人くらいいてもおかしくない年ごろの方がいました。

まわりは、わたしをその人とばかり話をさせようとする気配でしたが、わたしはすっかりあがっていて気づきません。

昭和36年8月、日本テレビ「すてきな奥様」に出演したときのスナップ。左がわたし。

翌日、そのちょっとふけた男の方がデートの誘いにみえて、はじめてその人が見合いの相手だとわかったのです。結局わたしはその方と結婚することになりました。

主人とわたしは九つも歳がはなれていて、まるで大人と子どもです。

主人は幼いころ日本橋高島屋の隣のビルで育ったチャキチャキの江戸っ子でした。デートはいつも銀座、浅草育ちのわたしは観音様が大好きな下町っ子、暮らし方がだいぶ違います。主人には、ずいぶん髙橋家の作法を教育されました。

主人の日本橋の実家は東京大空襲で

40代のころ、京都旅行にて夫と。

被災し、そのころは田端へ移り住んでいました。結婚してすぐ、その田端の家に入りました。五右衛門風呂に入り、洗濯板で洗濯し、ほうきとはたきでお掃除する毎日が始まりました。

一年後、主人が手当てしていた近くの土地（現在の住所）に新居が完成し、引っ越し。やがて長男が誕生しました。ここからわたしの長い田端暮らしが始まったのです。三年後には次男も生まれ、育児に追われながらも幸せな主婦の時代を過ごしました。子どもたちの送り迎えに車の免許もとり、当時は女性のドライバーはめずらしかったので、車の宣伝に登場させられたこともありました。

静かで穏やかな、まだ田舎といってもいい田端――そこに住む平凡な一主婦、それがわたしの実像でした。

二人の息子たち。
左が長男の一巳、右が次男の達也。

義母・髙橋律。きれいでした！

義母の「遺産の言葉」

平凡な家庭にもなにがしかの波乱は起きるものです。田端の家に泥棒が入り、母からもらったゆびわや現金を盗まれたこともありました。当時は空き巣狙いが流行っていて、一度ならず二度もありがたくない泥棒さんをお迎えしました。

そのころ、主人の母が膝関節を痛め、毎日渋谷の日赤病院へ車で通っていました。運転するのはわたしです。その送り迎えの車の中で義母がわたしにこう言いました。

「あなたはやさしいから、あなたのところにくるお嫁さんたちはきっとやさしい人がきます」。この言葉は、わたしが義母からいただいた最高の遺産です。

実際、二人の息子たちがもらったお嫁さんたちは本当にやさしい娘さんたちでした。彼女たちを見るたびに、この義母の言葉を思い出すのです。

義母はわたしのお料理の師匠でもありました。とくに教わったのは、主菜と吸い物の組み合わせです。

たとえば、魚の塩焼きのような淡白な味の場合、お吸い物はがんもどきと白かぶ、肉などのボリュームたっぷりの主菜には、しらすと豆腐とネギのお吸い物。非常に理にかなった組み合わせです。

結婚して一年間、義母の料理法を学び、主人が亡くなるまでわが家の食卓には必ず一品、義母の味が乗りました。主人は家での食事をとても好みましたが、それは自分の母親の味だったからです。


ちょうど昭和という時代をまるまる生きてきたわたし。振り返って、つらいことも一杯あったけど、ちょっと前の日本はよかったなあと思うのは、一人わたしだけの感傷ではないと思うのですが、いかがでしょう。

［第2章］ 「サロンドエフ」と「国際ソロプチミスト」

「サロンドエフ」の時代

子育ても順調に進み、田端の家で知人のお嬢様方にお料理と洋裁を教える日々を過ごしていました。

そんなある日唐突に、小田急沿線の参宮橋の商店街にあるブティックを手に入れたので、あなた店長をやってみないと友人から誘われました。ちょうど五十歳のときでした。洋服には興味あるし、一年間だけならいいだろうと、持ち前の好奇心から、軽く引き受けてしまいました。月給は十万円ということでした。

参宮橋は、明治神宮と新宿そして渋谷の三角形の中に位置し、駅からは昔ながらの小さな商店街がのびて、まわりは高級住宅やマンションが立ち並ぶ住宅街です。商業地としてはあまり発展の望めない土地で、こじんまりとして人々の情が温かい街でした。

小学校唱歌で有名な「春の小川」が流れ、隣が明治神宮のため、毎年暮れには駅前に商店の名が入った赤ちょうちんが華やかに吊され、駅は紅白の垂れ幕で飾られ、初詣の参拝客を迎える準備です。大晦日から正月の三日まで、客の流れはひっきりなしに、それはにぎやかに続きます。

いい街でした。

わたしは五十歳から七十歳までこの愛すべき街で仕事を続け、いろいろな人との出会いがありました。この店を中心に外に向けての輪を広げることができたのです。

一度も社会に出たことのないふつうの主婦が、五十歳からお店を始めたというのが面白かったのでしょう、ときどき新聞や雑誌に取り上げられたりもしました。

実際、それまで主婦業一本槍で、商売なんてまるで知りません。でも、ものごとに臆することのないわたしです。いただいた給料でメーカーさんの営業マンにご馳走しながら、ファッションのイロハを教わりました。当時わたしは、デザイナーの水野正夫先生の教室に通っていたので、もしものときは水野先生に助けてもらえばいいわ、という気楽な気持ちだったのです。

田端の家を出てはじめての社会参加でしたから、見るもの聞くものすべてが面白く、新しく開けた世界にすっかりはまってしまいました。

あっという間に一年が過ぎ、はじめの約束どおりやめますと言うと、せっかく軌道に乗ってきたのだから、ついでにこの店を買って続けてもらえないか、と友人が言います。

主人や子どもたちに相談しました。

素人の主婦が仕事をするのに参宮橋は安全な場所だし、楽しくやれそうだからいいのではと意見がまとまり、あれあれと思う間もなくお店を買うことになりました。のんきな時代だったのですね。

「サロンドエフ」のFは、文子のF、ファッションのF、ファミリーのF、フレンドのF。いろいろな意味を持っていますが、家族みんなで相談して決めたネーミングです。そのとき、将来ブティック以外にもいろいろな仕事をやりたいと思っていましたので、合わせて「株式会社たつみ」を立ち上げ、サロンドエフはその洋服部門ということにしました。

店は十坪ほどのかわいい造りで、参宮橋の駅から歩き、商店街が終わる一番

開店したての「サロンドエフ」の入り口にて。雑誌取材を受ける。

最後の左側。そこからは登り坂になり、高級住宅街となります。駅から歩くとちょうどひと休みしたい場所。前はマルマンストアーというスーパーで、客の出入りが多く、にぎやかです。

輸入品の洋服と小物をならべ、前のテラスには鉢植えの花と輸入家具を置きました。近くに劇団「四季」があったので、藤野節子さん、影まりえさん、久野綾希子さんといった女優さん、そしてテレビでよく見るタレントさんなどが、マルマンストアーの買い物の帰りによく立ち寄ってくれました。

久野綾希子さんはとても素直でやさしいお嬢さんで、いつの間にかわたしは彼女の東京の母親代わりになり、仲人までやらせてもらいました。

わたしはよく水野先生に、「デザイナーは孤独な仕事。髙橋さんは人が好きなのだからデザイナーに向かない。コーディネーターのほうが向いている」と言われたものです。

とはいえ、コーディネーターはむずかしい。高度なセンスが要求されます。お客様が、どこで、誰と、どんな集まりに着ていくのか。それによって洋服を選び分けなければなりません。つねに流行を意識しながら、節度をもったお洒落の知識が必要です。それには、多くの経験と実績を積まなければなりません。わたしは、むずかしいけれどこの仕事が好きになり、洋服を選ぶ際のコツのようなものをしだいに学んでいきました。

わたしが選んだ洋服を着てパーティーに出られたあとに、評判がどうだったかをお尋ねするのです。「たいへん好評で、みんなにほめられた」などと聞くと、とても自信がつきました。そうなると、お客様からも「また選んでね」と注文が入るようになり、つれて店の格もだんだん上がっていくようでした。

お客さんに洋服を勧める場合、その人が、その場所でいちばん綺麗に見えるように服を選びます。でも洋服だけが目立っては、その人が目立たない。洋服に着られてはダメなのです。

また、服だけでなく、その人の自然な振る舞い、話し方、ちょっとした所作などが、まわりに優雅な感じを与えるか、品がわるい感じを与えるかの境になるということもわかってきました。

若ければ、その若さで勝負できますが、中高年の女性はそうはいきません。その人の人生が全部出ます。わたしは、女性服専門なので女性のことしかわかりませんが、自分も含めて年を重ねた女性の魅力については相当気を入れて研究しました。

つまるところ、人の外形には長年にわたって培われたその人の人間性が出ます。やさしい心を持っている人は、そのやさしさと美しさが全身に滲み出ています。

お洒落は奥が深く、学ぶことがたくさんありました。

お洒落のお手伝いは本当に楽しいことでした。

下町の人情味あふれるブティック

生活環境によって多少変わりますが、洋服の好みとその人の性格には関連があるようです。

そのときの気分と出来事によって女心は変わります。

嬉しいことがあったとき、女は何か買いたくなります。口惜しいことがあったときは品物に感情をぶつけます。心が穏やかなときは、ゆっくり選びます。人間は感情の動物なんだなとつくづく思います。ですから、なにか悲しいことがあったんだなと思ったときは、親身《しんみ》になって相手のお話を聞きます。

引っ越しの手助けが欲しいと言われたら、すぐ飛んで行って一日中手伝います。困ったことが起きて、「頼む」と言われると、その人の顔がいつも目の前にチラチラしてじっとしていられなくなり、店を店員さんに任せてすっ飛んでいく。下町育ちの親分肌の性格が顔を出し、どうしてもほうっておけないのです。

見た目は上品なブティックのようでも、中身は下町の人情あふれるドタバタ家族のようでした。ときにはお客様が、枝豆を茹でたから一緒に食べない？と、まだ湯気のあがっている真っ青な枝豆を持ってきたりします。家族のような絆がいつの間にか出来上がっていました。

バーゲンセールは女の戦場。年に二回の特別セールはすさまじいものがありました。狭い店にあふれんばかりの人が押し寄せ、何が何やら無我夢中、戦争のような三日間となります。終わった夜、手伝いのみんなと乾杯するのが楽しみの催事でした。

色とデザイン――知らないと大変なことに

洋服には「ドレスコード」というルールがあって、これを知らないと、人にお洋服を勧めることはできません。

とくに、宮中と民間では色の扱いが異なる場合があります。たとえば、「紫」という色。宮中、民間を問わず高貴な色として着物などに使われます。しかし宮中に呼ばれたとき、紫色は遠慮したほうが無難だとわたしは教わりました。ピンクやオレンジなどの薄く明るい色がいいでしょう。

ヒラリー・クリントン現国務長官が大統領夫人だったころ、来日して宮中に参内されたのですが、その様子をテレビで拝見してびっくりしました。彼女は大きな丸い金ボタンがついた黒のシャネルのロングドレスを着ていたのです。宮中のお客様が黒のドレスを着たのを少なくともわたしが見たのは、それがはじめてでした。

わたしたちの常識では、黒は喪の色です。

でも、それ以来、黒と金ボタンの組み合わせが流行《はや》りました。シャネルの特徴の一つは、金のネックレスをジャラジャラ重ねるというもの。それをわたしたちはシャネルの流行として楽しんだのです。イヤリングも年々大きいものが出回ってきました。耳に穴を開け、けっこう大きいものでも平気でつける若い人たちが増えました。

ドレスコードと流行のせめぎ合い、これもまたファッションの面白さなんですね。

哀しい万引癖のお客様

店をやっていますと、女性の哀しい性《さが》を見せる人にも出会います。

その一人は、有名作曲家の奥様。もう一人は、警備会社の社長夫人です。二人とも恵まれた経済力と人もうらやむ環境にいるのに、バーゲンなどの混雑時に人が持っている商品が欲しくなり、その人が商品を手放した隙にその商品を隠し、頃合いを見てそれを取り出し更衣室に入り、着替えます。

あれ？ 来たときはベルトをしていたのに、帰るときはＴシャツがパンツの上に出て、違う格好。そう思う間もなく、人ごみにまぎれて帰ってしまいます。そのとき、先ほどのお客様が、ここに置いといた商品がなくなっていると声を上げるので、あぁやはり、と気がつくのです。

しかし、大勢のお客様がいますので、騒ぐことはできません。気を遣って見ているつもりでも、あっという間の早業で、後の祭り、仕方がありません。でも、その彼女が次の日に平気な顔で店に現われ、高価なアクセサリーを買うのです。

悪いことをしたと思っているのかどうかわかりませんが、つい手が出てしまうのでしょう。病気なのですね。こちらは気づかぬふりをして見逃しているのですが、うちの店ならまだしも、ほかの店でやったらすぐつかまってしまいます。新聞沙汰になったらご主人の名誉が危ないのに……。

彼女のことは、店を始めるときから知らせが入っていました。一緒にパリに旅行したわたしの友人が教えてくれたのです。パリの有名店、エルメスでのこと。友人が買い物をしていると入り口のほうがなにやら騒がしい。なんだろうと見ると、連れの彼女が屈強な男の人に両腕を掴まれて、「返せばいいんでしょう～」と叫んでいたというのです。

外国ではどの店もそうですが、正札に防犯シールがついており、バッグの中に隠しても出口でベルが鳴る仕掛けになっています。友人は、そのあと、大使館に呼ばれたりして大変な目にあいました。それで「あの人には、十分気をつけるように」と忠告してくれたのです。

気がついたときは、その場でさりげなく言うのですが、とぼけられてしまいます。次の日、長袖の中にアクセサリーが一個入っていたと返しに来ます。こっちは、「ああ、よかった」と受け取ります。

こんな恥ずかしい思いをして、どうして万引なんかするんだろう？

彼女の私生活にその原点がありました。

彼女は物心がついたときから養女として育てられました。生まれてすぐ捨てられた子どもだったのです。本当の生みの親はわかりません。探して、探して、探し回ったのですが、わからなかった。何不自由なく養父母に育てられたのに、気持ちはいつもイライラしていた。やがて結婚、すばらしい伴侶を得たのに、二十歳も年下の線路工事の青年をボーイフレンドにしてしまったのです。

好きな食べ物は、黄色いたくあんと真っ赤な紅しょうが。美人に似つかわしくないアンバランスな好み。あるカレー専門店では、そんな汚い食べ方をするなら、もう来ないでくれと怒られたこともありました。

彼女には、ふつうに育ったわたしには理解できない、奥深くしまわれた心の病があるのだと思います。

彼女はご主人の没後、二年ほどで病にかかり、真っ赤なバラに囲まれ、その青年が見守るなかで天国に旅立っていきました。

彼女らしい華やかな旅立ちでした。

店をやっていますと、いろいろな人からいろいろな話が飛び込んできますが、すべてお客様のプライバシーとして胸にしまってあります。

エーゲ海の船旅

サロンドエフ時代でとくに思い出に残っているのは、エーゲ海の二十日間の船旅をしたことです。

旅を企画されたのはデザイナーの水野正夫先生です。当時水野先生はパリに住居を構えておられました。いまから二十年も昔のことで、日本ではまだ船旅があまりなかった時代です。乗船したのはイタリアの客船で、日本人は確か、七、八組だけでした。

先生のご友人を中心にわたしとわたしの妹にも声がかかったのです。ほかに、高峰秀子・松山善三夫妻、早稲田大学の菊竹清訓先生などが参加され、高名な

お茶会にて。右側がデザイナーの水野正夫先生、和子先生ご夫妻。
その隣がソロプチミストの久米原とき子先輩。左がわたし。

方々にまじっての二十日間はとても楽しく、充実した船旅となりました。

洋服は何を持っていけばいいのかなど不安材料はいっぱいありましたが、一日たてばもう不安なんてなんのその。昼は小船で島巡り、夜は大ホールでダンスパーティー。わたしは踊りはダメなのですが、外国人のプロダンサーがすべてリードしてくれて、それは楽しいひとときでした。

イタリアの船なので食事はとびきり美味しく、朝からシャンパンの飲み放題です。甲板の最上階にはエーゲ海の海水を入れたプールがあり、誰も泳いでいない時間に二、三人で静かに泳いだものです。プールサイドの椅子に腰を下ろした人たちがそんなわたしたちを眺めています。まるで映画のシーンのようでした。

ヴェネツィアからトルコへ。そしてアテネで下船してアポロ神殿を観る。小高いレストランから遠望するアポロ神殿の美しさに圧倒されました。

この旅は生涯忘れられない思い出となりましたが、この旅でできた友人たち、京都の小沢美千代さん、川越の大野喜代子さんとは、帰国後、深いお付き合いとなりました。

水野先生に感謝です。人生には、贅沢を味わうひとときも必要なのではないでしょうか。

やくざの女

ときどき店に顔出す、二十五、六歳くらいの背の高い女性客がいました。女優の倍賞美津子さんをもっと綺麗にしたようなすごい美人です。

ある日彼女が来店し、たまたまほかに客はおりませんでした。

「実はわたしは九州から来たのですが、あるやくざのグループにつかまっているんです。なんとかして九州の家に帰りたいのですが、どうしても逃げられないんです」

彼女が言うには、正月に三日間ほど九州の家に帰ったところ、四日目には若い衆二人が迎えにきて連れ戻される。どこに行っても必ず見つかってしまう。

それを聞いて、わたしは目を白黒。どうしてこんな綺麗な人が――。

彼女の体からは石鹸の臭いがします。ソープランド嬢のようでした。

「どうして、やくざなんかにつかまったの？」

わたしは聞きました。

やはり、若い不良連中と派手に遊び歩いていたというのです。一度やくざに目をつけられ、組織に引き込まれると、もう放してくれません。どこに逃げても必ず見つけられ、連れ戻される。

可哀想にと思いますが、どうすることもできません。ただ話を聞いてあげるだけです。

ここは新宿にも近く、夕方になると着飾った女の人が駅に向かって歩いてきます。夜のおつとめの女性たちが多いのです。

彼女と一緒に来る兄貴分らしい男がいました。彼もときどき一人でやってきて、電話を貸して下さいといって電話をします。聞くともなしに聞いていると相手は母親のようでした。こんな男でも母親が恋しくなるんだなあと可哀想になりました。

「男物はないんですか？　なにかとっておいてください」

彼が言うので、大きなTシャツを試着させました。

顔も物腰もやさしくてとてもやくざには見えないのに、クリカラモンモンの刺青が肩から二の腕にかけてびっしり彫られていました。

わたしはドキッとしましたが、見て見ぬふり、いちいち驚いてはいられません、平然と話を続けました。

こんなやさしい青年なのに、やはりやくざなんだなァ〜。わたしはお客様が言わないかぎり、こちらからは何も聞きません。

彼は母親に電話をかけたくなると、わたしの店を思い出すようでした。彼と彼女はペアになっています。彼は彼女の見張り役ということなのでしょう。

彼女にはもう一つの役割がありました。やくざの親分の女たちの洋服選びです。あらかじめ彼女が店にきて洋服を二、三着選んでおきます。そのあと親分がやってきます。彼女が選んでおいた服を、地方のクラブのママやホステスに送るのです。二組から三組ぐらい。

わたしは言われたとおりに細心の注意を払って間違いのないように発送の手続きをします。

それが終わるとお茶を出します。親分のお財布には万札がビッシリ。払いが終わると、どうもごちそうさまと言ってサッと引き上げます。

ヤクザはこんな風にして、美人のホステスを地方から東京へ誘い出すのですね。

それから一年ほどたったとき。

彼女がお店にやってきて、見張り役の彼と正式に結婚して子どもができたというのです。逃げるのをあきらめて、この世界に入ってしまったのです。でも、この二人なら逆にいい家庭がつくれるかもしれない。

わたしたちの知らない世界ですが、その中で幸せに生きていくことができるなら、それも幸せな選択……。わたしは、そう思いました。

一年前はひ弱な感じだったのが、そのときの彼女の顔は健康そうに輝いていました。彼女の幸せを喜び、わたしたちは握手しました。

その後二人はプッツリ姿を見せなくなりました。

超能力の女

ある日知人が、一人の女性客を連れてきました。洋服とアクセサリー一式を買い求め、地方へ発送するようにと言いおき、時間がないからと急ぎ帰っていきました。

知人が彼女のことを先生と呼び、とても丁重に接していましたので、知人にとっては大切な人のようです。年齢は四十代の半ば、四国の人とのこと。ポチャッとした色白の美人で、右足を少し引きずっていました。

知人の話では、彼女は子どものときに生死の境をさまよう大事故に遭っています。その後、超能力に目覚め、予言がことごとく当たり、まわりも彼女の超能力を高く評価するようになりました。

その彼女がわたしの店を見て、「あの店にはどこか悪いところがある」と知人に言ったというのです。

そう言われるとこちらも気になります。またお連れしてと知人に頼みました。そうして彼女との交際が始まり、四国の彼女の実家へも旅行したり、急速に親しくなりました。

そして一年後、四国の彼女から電話があり、実家が倒産した、神様が東京の高橋さんの家に行きなさいと言っているというのです。

なにしろ突然のことで、思わず「ハイ」と返事したものの、思い直して主人に相談しました。「キミがいいと言ったんだろう、それならいいだろう」と主人。わたしはホッとし、心の中で主人に感謝しました。

わたしも実家が倒産した経験を持っています。わがことのように思えて彼女の申し出を断ることができませんでした。考えてみれば、主人の心の広さに甘え、自分勝手にわがままな生活を送った時代でした。

電話のあった翌日、彼女たちはわが家にやってきました。宮大工だという彼女の父親と母親、彼女の子ども二人、そして彼女。計五人です。そのうちご両親はどこかの神社に引き取られ、親子三人はわたしが保証人となってマンションを借りました。

さて、ここから彼女の一大決意の一年が始まりました。なにしろ銀行に負債を返さなければなりません。

自分に人を見る力があるならそれを信じて超能力でお金を稼ごう。わたしの家の二階の応接間を相談部屋にすることにしました。わたしも相談にみえた人にお茶を出すなど、できるだけ協力しました。

相談料は一時間三万円です。相談は二時間に及ぶこともしばしばありました。彼女がいうには、相談者の背後にまるでテレビの画面のように画像が出てきて、声も出て、いろいろ教えてくれるのだそうです！

答えは、百発百中的中しました。人間、土壇場に立つと信じられない力が出るものです。自分が家を支える——その責任感と使命感が合体すると、神様は助けてくれる。わたしもすっかり彼女の虜《とりこ》となりました。

自分の店の仕事も忘れ、彼女のために相談者を斡旋するなど懸命に走り回りました。二人の真剣さが神に通じたのでしょう、相談者がひっきりなしにわが家を訪れるようになりました。この一年間は本当に充実した時間でした。入ってくる相談料は全部彼女の手から銀行に返済されました。まさに真剣勝負の一年だったのです。

わたしは彼女のルックスにも気を遣いました。有名人との相談も増えたので、地方の人から東京の人へ変貌させてあげよう。サロンドエフの最新の服を着させ、少し体に余裕のある服で優雅さを身につけさせることにしました。

彼女もだんだん自信がついてきて、超能力者らしい所作がでてきました。わたしもひと安心。そのうち彼女は世界的な霊能者になるかも……。

ところが、いつごろからか、少し初心を忘れるような言動も出てきました。お客様の顔ぶれもだんだん華やかになり、いつの間にかわたしの手を離れ、外でわたしの知らないグループをつくっていったようです。そろそろわたしを離れる時期が来たのかなと感じられました。

その年の大晦日、わたしはサロンドエフの大掃除をしていました。店内の奥に彼女が祀った神棚があります。彼女は店に来るといつもその神棚に手を合わせ、神様と対話するのです。その日も拝み終わったあと、彼女はわたしにこう言いました。

「神様に叱られちゃった」

顔はケロッとしています。どうしたの？　と聞いたら、

「いつものように拝んだあと、お金が欲しいと言ったら、神様から、お金なら女性として十分なものをあげているはず。これ以上望んだら力をとる、といわれちゃったのよ」

そう言いながら、

「でも、もっと欲しい」

と、舌を出すのです。

神を恐れぬ言葉。そのひとことで、神様は彼女に与えた力を抜いてしまったのです。

その後、彼女の身辺は一変してしまいました。

明けて正月、彼女は四国の郷里に帰省しました。お金はたっぷり持って帰ったはずなのに、田舎の取引先への返済をせず、留守番をしているおばさんたち

の給料も払わない。ちょっとした暴動が起き、窓ガラスが割られたり、大変なことになったと、その留守番のおばさんから電話がありました。

神様の力を借りてお金をいただいていたはずなのに、それを忘れて自分の力で稼いだお金、自分のものと過信したため、神様の怒りに触れ、力を殺がれたのです。

わたしの心境にも変化が起きました。あんなに大好きで大切な彼女だったのに、サーッと心が冷めてしまいました。彼女から電話があっても出たくない。いろいろ人を介して会いたいと言ってくるのですが、会いません。

これは、わたしがそうしているのではなく、わたしの中にいる神様の意志がそうさせているのです。見事な神様の仕打ちでした。彼女がわたしの店の前まで来ても、店に入れません。入り口に神様の敷いたバリアがあるからです。

彼女は神様から完全にシャットアウトされたのです。そういえば、最初にわたしの店を訪れたとき、「あの店はどこか悪いところがある」と言った言葉も、実はわたしのふところに飛び込むための口実だったと、あとでわかりました。

彼女とは、その後ひとことも交わさず別れました。いや、神様に別れさせられたのです。その後彼女がどうなったかは、まったくわかりません。

この一件では、わたしも大いに反省するところがありました。

地方の人を無理して東京人に仕立てたところに間違いがあったのではないか……。地方は地方らしく、地のままでその人の特性を活かせばいい。それを、お金をかけて無理して都会人にしてしまった。

彼女自身もいちばん大切な心と魂をどこかに置き忘れた時間があったのではないだろうか。表面だけを飾り、都会人にした。取り返しのつかないことをしてしまった。わたしが手を貸さなかったら、昔の自然な姿のままでいられたのかもしれない。地方の素朴な心と魂で、違うかたちで神の道を究められたかもしれない。

神様の力を借りて生きる人は謙虚な気持ちを失ってはいけないのです。神の力を自分の能力と勘違いしてはいけないのです。

でも、よく考えてみると、神様からの教えを受けたのはわたしのほうでした。

人の人生を左右するようなことに安易に手を差しのべてはいけない。たとえそのときはよかれと思い、この人をなんとか助けてあげようという気持ちでも、それは人間の思い上がり。それはかえって、毒に変わるのです。深く交わった人と喧嘩もさせず、神様はサッと別れさせるのですね。

サロンドエフもふしぎな家だった

参宮橋のこの店は、わたしに社会と人生を教えてくれました。明治神宮に近い商店街はやはり神様のお恵みを受けていたのです。この場所でさまざまな情報に触れたおかげで、現在のわたしがあるように思います。この店にいるだけで向こうからいろいろな人がやってきて、わたしをそれまで知らなかった世界へ導いてくれました。

いまだから考えられるのですが、田端の家も田端八幡神社の神域にあり、サロンドエフも明治神宮の神域にあったのです！　こちらが選んだわけではなかったのに、気がつくと両方の家が神様の懐の中に抱かれていたのです。

この商店街にある洋品店で二十年も商売を続けてきたのはわたしのサロンドエフだけです。わたしがやめたあと、二軒のブティックがオープンしましたが、いずれも一年もたたずに店をたたんでいます。その後ここは不動産屋さんになっています。

サロンドエフもふしぎな家でした。

国際ソロプチミストの活動

サロンドエフを始めて二年ぐらいたったころ、店のお客様から、「国際ソロプチミスト」という女性だけの世界的なボランティア団体のクラブをつくるので入らないかというお誘いを受けました。

内容もよくわからないけれど、社会につながるボランティアはいつかはやってみたいと前から思っていましたので、お話に乗ることにしました。

働く女性の団体なのでみなさん忙しく時間もないので、介護など、実際にボランティアの活動をするのではなく、何か大きなイベントを催し、その売り上

国際ソロプチミストの活動。中央が東京・新宿会長時代のわたし。

げを寄付する仕組みだというのです。それならわたしにも参加できそうと簡単に考えたのです。

「女性版ロータリークラブ」のようなものだけど、ロータリーは毎週一回、ソロプチミストは月一回の例会だから、そんなに負担ではないとの説明もありました。

これで決心がつき、わたしはソロプチミストに入会しました。

「ソロプチミスト」の意味は、「Sorro（ソロ・姉妹）」と「Optima（オプティマ・最善）」というラテン語の造語で、「女性のための最善」ということです。

わたしが属したのは日本に五つある

リジョン（支部組織）のうちの日本東リジョン、その中の新宿地区でした。

日本のリジョンはアメリカ連盟の管轄下にあり、世界的な情報が集まるボランティア団体でした。いざ入会してみて、わたしは驚きました。その規模はわたしの想像をはるかに超えるものでした。

世界には貧困にあえぐ国々がたくさんあります。新宿クラブにもたらされる情報で世界の女性や子どもたちの悲惨な状況を知り、日本はなんて恵まれた国だろうと思いました。

アメリカで制作されたＤＶ（ドメスティック・バイオレンス）のビデオを見せられたときの衝撃はいまでも忘れられません。こんなこと、日本ではありえない。世間にうといわたしは思ったのですが、けっしてそんなことはなく、日本でも多くの女性がＤＶに泣いている現実がありました。

わたしはこのときはじめて、あまりにも世界を知らない、社会を知らない自分に気がついたのです。それでも、その後さまざまな先輩の方の指導を受けながら会の活動に入り、四年後には新宿クラブの四代目会長となりました。このころは日本もまあまあ穏やかな時代で、わたしもなにごともなく会長職を務めることができました。

　この間に主人が亡くなりました。

　そんなある日、日本東リジョンの二代目ガバナーを務められた石井須美さんから、今度は商工会議所への入会を勧められたのです。

　わたしは主人を亡くしたばかりだからとお断りしたのですが、だからこそいま入るべきなのよと諭され、商工会議所の女性部に入りました。

　あるとき、ふと考えました。わたしのそれまでの生き方は全部これでした。自分の意志の定まる前に、何が何やらわからぬまま、まわりの人々がみんなでお神輿をかついでわたしを乗せてしまう。わたしはなんでも言われることをホイホイ聞くのでした。

　しかし、流れの中に身を置いて何年もたつと自然と何かが身についてきて、わかってくる自分がいることに気がつきました。

　全部、まわりのみなさんのおかげです。何が何だかわからないけれど、エスカレーターに乗せられて自然に勉強してきたようです。

桐生の観音菩薩さま——岸直江先生

わたしのもっとも敬愛する人物の一人である岸直江先生との出会いも、ソロプチミストの時代でした。

当時アムネスティー・インターナショナル日本の支部長だったイーデス・ハンソンさんの講演が行なわれた日。ハンソンさんのお話のあとに、岸先生が「赤ちゃんの心の目」という話をされました。金属バットで親を殺してしまった少年の事件が世間を騒がせていたころです。なぜ、あのような少年が育ってしまうのか?

赤ちゃんは個人差がありますが、生まれて十五、六日ごろに突然心の目が開くのだそうです。これは、物を見る視覚とは違います。母親が赤ちゃんを胸に抱いてお乳をふくませていれば、腕の中でパッと心の目を開いた赤ちゃんは頭一杯に母親の顔が広がります。こういう子は、心の健《すこ》やかな人間に育ちます。

ところが、ミルクビンをベッドにくくりつけ、ベッドに寝かせたまま飲ませ

桐生の観音菩薩さま・岸直江先生（中央）とソロプチミスト東京―新宿の仲間たち。「わたらせ学園」にて。

ていると、赤ちゃんが心の目を開いた瞬間、母親の温かい顔ではなく、天井の真っ白い色、冷たい無機的な色が目の中に飛び込んできて、頭の中は真っ白になってしまう。こういう子は、危ないのだそうです。

お乳の出ないお母さんは赤子を胸に抱いて肌につけ、顔を見ながらやさしくミルクを飲ませてあげなさい、と岸先生は話を締めくくりました。

この話に感動したわたしは、先生にうちのクラブでの講話をお願いしました。先生は快諾してくれたのですが、その前に、先生が運営する「わたらせ学園」の見学に来るようにということで、わたしたちがお邪魔することになりました。わたらせ学園は、就学前の重度の障がい児を預かる施設です。

岸先生は医者の家に生まれ、ご自分も医学の道を志され、医師になった方です。若いころ岸先生が、ある古い家を訪れたときのことです。家の奥のほうから異様なうめき声のような音が聞こえてきました。

それは、昔風に言う「座敷牢」に入れられていたかわいい女の子の発した声でした。

外は澄んだ青空が広がり、紅葉に染まった美しい景色が広がっているのに、この子はなんと可哀想に……。

なんとかこの子を表に出してきれいな青空のもとで、腕を思いっきり伸ばさせてあげたい！　先生は思いました。

当時の日本にはそうした子どもを預かる施設はありませんでした。先生はこのあと必死に勉強され、医師になって懸命に働いて、このときからの夢となった施設を実現されたのです。それが、「わたらせ学園」だったのです。

よく陽《ひ》の当たる小高い丘に建てられた学園では、やさしいお姉さま方がかいがいしくお手伝いしていて、ほがらかで、伸びやかな、笑顔のかわいい子どもたちが暮らしていました。

施設は、岸先生の細やかな配慮が行きとどいた造りになっていました。どこから見ても目のとどく構造、トイレには天井がなく、上から見渡せます。すべて、子ども中心の造りでした。

なかでも、いちばん心打たれた場所がありました。長い廊下の、子どもの肩の高さぐらいに渡された棒状の丸い手すりです。その手すりに、ねずみがかじったような跡がいくつも付いていていました。

「これは、子どもたちの叫びです」

岸先生が言いました。

手すりの上に大きな窓があります。日が沈む夕刻、西の空を見ながら、子どもが母を想って、「おかあさ〜ん」と泣きながら、手すりをガリガリとかじっていたのだそうです。

子どもというのは、どこにいても、夕方になると母を想い、家を想うのだそうです。

わたらせ学園の子どもたちは幸せな環境にいます。それでも、子どもにはやはり母親がいちばん。わたしはその手すりを見ながら、悲しい思いにふさがれ、心が痛みました――。

岸先生ご自身にはお子様がおりませんでしたが、そうした子どもたちの悲しみを癒し、やさしく育て上げるために捧げた生涯を送られました。岸先生は生前、まわりのみなさんから、「桐生の観音菩薩様」と呼ばれ慕われていました。亡くなられたいまも、すばらしい女性としてわたしの胸に刻まれています。

三代ガバナー、藤井達子さんの教え

日本ソロプチミストの三代ガバナーを務められた藤井達子《ふじいさとこ》さんとはいまでも姉妹のように親しいお付き合いをさせていただいています。藤井さんは本当に物静かで、趣味の日本刺繍の和服を召されるなど、優雅な所作が美しい正真正銘の日本女性です。

趣味は邦楽の新内《しんない》で、川越の自宅から東京までお稽古にいまでも通っていま

左は三代ガバナー・藤井達子さん。中央がわたし。右は、迫登茂子先生。

す。この藤井さんがガバナーをされているときの講演の挨拶がとてもわたしの心にしみいるものでした。

「ぜひ入会を、と勧められたとき、奉仕？　わたしにできるのかしらとまず疑ってしまいました。主人がロータリークラブの会員になったときも、それが奉仕目的の男性の会とはわかっていましたが、いったい何をやるのかと驚きのほうが先に立ったのです。

でも、一人ひとりの力は小さくとも、大勢でやればなんでもできるという殿方たちはすごいなといつしか思うようになりました。しかし、果たして自分にそれができるのだろうかと、大変とまどっておりました。

　決心して入会し、みなさんとさまざま話し合い、ソロプチミストの伝統の重さを学び、会のすばらしさに感激しました。

　入会して十カ月ほどたったころ、会員数人で老人ホームを訪ね、お年寄りの話し相手になったり、手や顔を拭いてあげると、お年寄りのみなさんはとても嬉しそうな顔をなさる。そのお顔を見たとき、自分のほうがよりいっそう嬉しくなりました。

　育児院を訪問したときは、一緒に歌を歌ったり、かけっこをしたりしました。こんなわずかなことでも、会員のみなさんと一緒にやれば、大きな力となって、相手のすばらしい笑顔に接することができたのです。

　これはわたしにとって一つの発見でした。心を込めて行なえば、こんなに喜んでくださる。たとえ小さな行為でも、真心が第一だと。

　会員となって三十年余の歳月が過ぎました。会で培ったみなさんとの絆はとても強いものです。裸の付き合いといえば女性として不適切な表現かもしれませんが、なんでも語り合い、ものごとを解決していけるというのは、本当にこの会に入ったからこそなのです。幸せでありがたいことだと思っております。みなさんに喜ばれる以上に自分が幸せであることを実感できる嬉しさ。これは尊いことだとも思います。

年はとっても、若い会員の方と一緒だと年を忘れて一緒に行動できるいまのわたし。この幸せは、なんなのでしょう」

藤井さんのご挨拶は、これからの高齢社会を生きるわたしたちへの大切な導きです。わたしはとても深い感銘を覚えました。このことは、わたしが次のステップ、「サードファミリー」の創設に踏み出す大きなヒントとなったのです。

［第3章］「サードファミリー」の創設

一九九九年の十二月、わたしは思い立って参宮橋のサロンドエフを店じまいしました。七十歳にもなって、もはやブティックでもあるまいという気持ちと、年を重ねるごとに、あるつのる思いがあったのです。

それは、七十歳になったら、いままで考えてもやれなかったこと、やりたかったことを絶対やってみようという決心です。

年を重ねてもなんらかのかたちで社会に参加し、楽しみながら自分を磨き、また誰かの役に立ちながら生きていく――そんな生き方をめざしたいと思ったのです。

森美恵子さんとの出会い

ソロプチミスト新宿の実行委員長を務めていたころ、ソロプチミストの姉妹クラブをつくるため、その中心となる人物を探していました。商工会議所のメンバーの中で、いつも偉い人たちと話している、ひときわ目立つ人がいました。

羽澤ガーデンの社長、森美恵子さんです。

スペイン人のようなエキゾチックな美人で、めったに人を寄せつけないような風格がありました。ちょっと怖いなと思いましたが、彼女ならクラブをつくれるとインスピレーションが湧きました。

それで、思いきって声をかけてみました。

「ソロプチミスト、ご存じですか？」

「知らないわ」

「ボランティアに興味がおありですか？」

「ないわ」

恐る恐るお尋ねすると、返事は「ノー」ばかり。困ったなと思いましたが、ひるまず話を続けました。なんとか親しくなって、そのあとで仲間と一緒に羽澤ガーデンに伺うことになったのです。

広さ三千坪の羽澤ガーデンは二代目満鉄総裁・中村是公の旧邸宅で、うっそうと繁る木々に囲まれた由緒ある料亭です。政財界の著名人が遊ぶところで、わたしたちのような駆け出しが行くようなところではありません。

玄関の下足番の方に迎えられ、靴を脱ぎます。広い庭に囲まれた静かな離れに通されました。

森さんがやってきて、料理と酒が運ばれ、森さんと一緒にご馳走になりました。お酒がすすんだところで芸者衆も呼ばれてにぎやかな宴会となり、難しい話はそっちのけですっかり打ちとけました。

お酒の力はありがたいものです。羽目をはずした無礼講のうちに森さんは気持ちよく入会を承諾してくれました。その後間をおかずに、森さんを会長とする東京・広尾のソロプチミスト・クラブが誕生したのです。

一緒に伺った新宿会長の志岐ゆきさんとわたしと森さんは、その後頻繁に会うようになりました。気心が知れるにつれ、三人の中で老後の話が出てきます。世の中はお年寄りが増え、「お一人様」という言葉も流行っていました。やっとみなさん、目が覚めてくれたかと思っていたところでした。

そこでわたしは、かねて温めていた「サードファミリー」の構想をお二人に相談したのです。

サードファミリーとは、文字どおり「第三番目の家族」です。

サードファミリーメンバーの勢揃い。羽澤ガーデン森美恵子さんの著書出版記念パーティーにて。
右から志岐ゆきさん、わたし、妹の青柳愛子、森美恵子さん、村上道子さん、藤田千恵子さん、小牧恭子さん、杉田由美さん、片岡みい子さん、飯沼悦子さん。

「ファーストファミリー」は、自分が生まれて育った家。「セカンドファミリー」は、結婚して、または独立してつくり上げた自分の家。そして「サードファミリー」は、子育ても終わり、伴侶が先立ち一人になった女性が、慰め合い助け合う、気軽に集まれる場所。誰もが共に心を許せるファミリーのような集まり。

そんな「サードファミリー」をつくろうという思いを、わたしはずっと心に温めていたのです。打ち明けると、森さんと志岐さんは一も二もなく賛同してくれました。

それぞれ立場は違っても、仕事に家

庭に、自分の人生を一生懸命に生きてきた方々です。それまでの経験や、仕事で得たノウハウを活かして、七十以降の人生を思いっきり生きて、そのうえ他人のための一助になれたら嬉しい。

それにはまず理屈よりも何よりも、みんなが集まって、おいしい料理を食べ、心ゆくまでいろいろお喋りがしたい。

それにわたしたちには、「酵素風呂」という癒しの力を持つお風呂、共有財産のようなものがありました。この「酵素風呂」もサードファミリーの大きな楽しみとなるはずです。

ですから、サードファミリーの実態の半分は、いってみれば、「昭和版井戸端会議」のようなものです。

わたしたち三人にさらに二人が加わり、スタート時のメンバーは五人となりました。次がその楽しい顔ぶれです。

森美恵子（元羽澤ガーデン社長）
志岐ゆき（元三菱電機社長未亡人）

岩井美代（スポーツ用品会社元社長未亡人）
青柳愛子（株式会社クレセント社長）
髙橋文子（株式会社たつみ社長）

どなたもわたしとほぼ同年齢で、全員花の独身です！
もちろん、一人暮らしでなくとも、ご家族持ちの方の加入も歓迎することにしました。
それでは、わたしを除く四人のすてきな横顔を紹介します。

志岐ゆきさんは吉祥天の化身です

サードファミリーの仲間は、志岐さんのことを吉祥天と呼びます。天上で衣をひらひらとなびかせる吉祥天の姿そのもののような人なのです。いつも穏やかで、彼女の怒った顔を見たことがありません。

志岐さんは長崎県出身で学徒動員中に被爆し、九死に一生を得た経験をされています。トンネルの中で作業中に原子爆弾が落ち、トンネルの外で一緒に作業をやっていた娘さんたちは全員亡くなられたそうです。

そんな極限の体験をされた志岐さんのゆったりとした立ち居振る舞いは、いつもまわりを穏やかな空気につつみ、人をなごませるふしぎな雰囲気を持っています。

彼女は敬虔な信仰心の持ち主で、人智を超えた神仏のふしぎについてよく話してくれます。神仏の話はわたしも大好きですから本当に気が合って長い付き合いとなりました。森さんの次のお姉さまとして、わたしを支えてくれているありがたい吉祥天様なのです。

志岐さんはいま未亡人となっていますが、わたしは生前のご主人とお会いしています。ご主人はそのころ三菱電機の社長さんをしておられ、一度だけソロプチミストのパーティーにみえたことがあります。

その日ご主人は病院からの帰りで、癌を宣告されていたのです。にもかかわらず、パーティーの会場においでになり、志岐さんに「こういう会なら、これからも入っていていいのではないか」と言われたそうです。

わたしがこの日のことをよく覚えているのは、会場に入ってこられたときの志岐さんご夫妻に後光が射していたからです。その神々しい姿がいまでも脳裏に焼きついています。

志岐さんにいつも言われていることです。

「いまふりかかったものは、神様がやりなさいと指図してくださっているのだから、何も言わず、感謝してハイハイとやりましょう」

「なんだかわからないけど、神様は予期せぬことをお与えになるから、お出でなさったものには全力投球するしかないのよ」

「何がなんだかわからなくとも、気がついたときに何かが見えてくるものよ」

本当にやさしい二番目のお姉さまを、サードファミリーの大切なメンバーとして神様はわたしに近づけてくれたのです。

岩井美代さんは姉御肌のいい女

岩井美代さんとわたしは女学校の同級生ですから、ずいぶん古い付き合いとなります。

わたしと同様、下町生まれの下町育ち。正義感にあふれ、竹を割ったような真っ直ぐな気性。一生懸命人を助ける熱い情を持っています。姉御肌のいい女、わたしが男だったら、ほうってはおきません。

着物を着せたら、そのあでやかで粋《いき》な姿は天下一品です。誰も真似ができないでしょう。

彼女は六人兄弟の三女でありながらお婿さんをとり、実家のスポーツ用品の会社を継ぎました。ご主人との結婚はわたしの結婚とわずか一カ月だけの違いで、わたしもご主人はよく存じ上げています。

ご主人は、ゲーリー・クーパーによく似た、背の高い穏やかなスポーツマンで、とても素敵な方でした。彼女はいつもご主人の後ろにいて、内助の功という自分の役割に徹していました。

ご主人が亡くなられて未亡人になったとき、なにも手につかない状態だけど、このままじゃいけない、なにか人のためになることをしたいと言ってこられました。

わたしはソロプチミストはいかが？　と勧めたのですが、大きな組織はイヤだといいます。ちょうどそのころ、わたしは、癌にかかった正垣さんという男性の生命を酵素風呂の力を借りて助けるグループのお手伝いをすることになりました。ご主人を亡くされた直後で、生命の尊さを知っている彼女は、その酵素風呂のお手伝いなら参加したいと言ってくれました。ここから彼女は、わがサードファミリーのキーパーソンの一人となるのです。

女学校時代の友人はたくさんいますが、気がついたらいちばん身近に彼女がいたことになります。

青柳愛子はわたしのかわいい実の妹

五人衆の末席につらなるのはわたしの実の妹、青柳愛子です。愛子は名前の示すとおり、みんなにかわいがられる特別な性質を持っています。ストレートにものごとを言いますが、憎めない、かわいさがあるのです。

夫は某都銀の役員まで務め、とても恵まれた環境で過ごしてきました。未亡人となったいまは、夫のつくった会社の社長に就任、世田谷区の下馬に住み、ソロプチミストの仲間と楽しい毎日を送っています。

妹はいつまでたっても妹。なんとなく気になって心配になる存在ですが、逆に妹から見れば、姉のわたしが自分勝手に仕事をしているのが心配の種。

妹には「辛口の愛子ちゃん」というニックネームもあり、いつもみんなの前でわたしを注意します。イヤな役回りをちゃんとわたしのために演じています。妹ながら、ありがたい存在です。

彼女は姉のわたしが言うのもなんですが、若いころは女優のエリザベス・

テーラーに似ているといわれたものです。

さあ、七十歳からの出発です。高邁な目標を掲げて五人衆の旅立ちとなりました。みなさん、それぞれ仕事を持ち、自立した女性ばかり。体力、気力、知力にあふれ、経済的な裏づけをもつ七十代の女性。

サードファミリーの鍋祭り

サードファミリーの集まりにおいしい料理は欠かせません。元気のみなもとは、なにしろよく食べることなのです。

自慢の料理はすき焼きです。

すき焼きはお肉さえ上等のものを使えばまず間違いありません。

わたしの手順は次のようなものです。

熱した鍋に牛脂をひく。

斜め切りにした長ネギを入れる（お肉の独特の動物臭をとる）。

老舗の味「人形町今半」のわり下を入れる。
大きく切ったお肉を入れる。
ここで、卵を溶いておく。黄身をこわさないように白味を泡立てる。
食べる寸前に黄身をこわす。
お肉は、赤みがかすかに残るていどの時分に食べる。
お肉、次にネギ。順に卵の中をくぐらせて口に運ぶ。
――ここでいったん、火を止める。

「おいしい！」と感嘆の声が上がります。

次にわり下を注ぎ足し、しいたけを入れる。
しいたけに火が通ったら、お肉を入れる。
この第二弾のお肉はしいたけのうま味がしみてまた違うおいしさがあります。
――また、火を止める。
春菊をさっとくぐらせる。

おいしいお料理をいただくのはサードファミリーの楽しみの一つ。さらに会話も弾みます。今夜は、とっておきのすき焼き。

お野菜の香りを楽しむ。

焼き豆腐を投入。

しらたきも入れる。

いろいろな味がしみて、ホッとする瞬間。

最後に、焚きたての白いご飯、なめこ、豆腐、三つ葉の味噌汁、そして自家製のぬか漬けのお新香。


なんという贅沢でしょう！

新鮮な材料、鍋奉行の絶妙の手さばきと間《ま》、食べる人の和。この三拍子が揃ってはじめて宴ははじけます。

たまには、こんな贅沢もよろしいのではありませんか。

和室で笙のお話をしてくださった岩波滋先生

サードファミリーではこうしたお食事の集まり以外にも、桜を観る会や月を愛でる会など、四季折々の催しを開いています。ときには古式ゆかしい邦楽を楽しむ会を持つこともあります。なかでも、わたしたちがもっとも楽しみにしているのは、宮内庁式部職の楽部技術指導をされている岩波《いわなみ》滋《しげる》先生の「笙《しょう》」の演奏です。

宮中でしか聴けないような雅楽の調べは優雅そのものです。岩波先生の演奏に直に接することの幸せは譬《たと》えようもありません。

サードファミリーならではの催し物です。

さまざまな老い、幸・不幸を考える

まだまだ元気なわたしたちですが、サードファミリーの構想を煮詰めるなかで、やはりわたしなりに、世間のいう「老い」のことを考えてみました。

人間の場合、コツコツと何十年も生きて、ポンコツになったら施設に入れられます。できるなら絵にかいたような幸せな人生を送り、とくに終わりは幸せでありたい――人はみなそう願います。

でも現実は、そう甘いものではなさそう。ご老人の境遇はさまざまで、それぞれに幸・不幸ありますが、一般的に施設に入れた人は幸せでしょう。

たとえばある施設では、それまで薬漬けになっていた人が三カ月で薬を飲まなくなります。糖尿病が治る人もいます。それはなぜかといいますと、まず、朝・昼・夜の三度の規則正しい食事。しかも、減塩食。

それから週二回のリハビリ体操（パワーアップ）。一人ずつ指導員が付きます。入所して最初の三カ月は週三回、その後は週二回だそうです。

薬の服用は最初の一カ月は、従来のまま。その後、様子を見て、徐々に量を減らしていきます。なかには、どうして減らすのと文句を言う人もいますが、医師が丁寧に説明してくれます。血糖値が二〇〇を超えていた人がやがて一〇〇を切り、薬が要らなくなります。

病気を治すには、①食事を変える ②適度な運動 ③薬の量を減らす、この三つが大事です。とくに食事は基本中の基本。やがて目が活き活きとしてきて、体重と血糖値が下がります。

施設にはいろいろな人が暮らしています。性格もいろいろです。入所者の三分の二は認知症。ご飯をまだ食べていないと言い出したりします。こういう人には、食事をとっている写真を撮っておいて見せます。「ほら、食べたでしょう」と。

あるいは、「家に帰りた〜い」と泣き出す人もいるそうです。家族を呼びますが、けんかが始まります。でも家族が帰ると、また、「帰りた〜い」と泣き始めます。

次は、死にたいと騒ぐ人。ごはんを食べ終わると、「死にた〜い!」と騒ぎ出します。ひもでクビを締め、死ぬ真似をします。が、ふと思い出したように「では、ごはんを食べてから」と言って、ごはんを食べます……。

さまざまな症状の人がいますが、でも施設にいれば目が届きますから、安心です。体調も整えられます。

以上は、あとでご紹介する碧井《あおい》猛《たけし》医学博士からお聞きした話です。

わたしが実行しているボケない生き方

わたしたち高齢者が怖れるのは、やはり、ボケが来ることです。人間、ボケないで生きられる方法はあるのでしょうか。

東京都の調査（関東一帯）でわかったのですが、都内でいちばん長生きする町は、碧井猛先生によると、小金井市だそうです。

先生が勧める日常のボケ防止の一つは、「あらゆる会合に出席する」。

小金井市が都内一の長寿の町となった要因は、このやり方をお年寄りに勧めたことだそうです。

会合への出席の機会をもらったら、こまめに出席するようにし、世話役もおっくうがらずに引き受ける。当日はきちんと身支度を整え、少々おしゃれをして出かける。会場ではなるべくたくさんの人と挨拶を交わし、会いたくないなと思う人でも会って挨拶。これが嫌で家に閉じこもっていると、長生きはしない。こまめに外とコミュニケーションをとることが大事。

なるほどと思い、わたしもこれを実行しています。加えてわたしはさらに、「いい老人になることを心がける」ようにしています。

人間に、等しく必ず訪れるものが「老い」です。でもその人がいい人ならば、まわりは放っておきません。必ず助けてくれます。

それには日ごろから老人の世話をしましょう。年老いた人の気持ちをよく理解できるようになりましょう。

いい老人になるためには、自分自身が感謝の気持ちで相手と接することができるようになることです。それには、若いうちから愛情豊かな人間にならなければなりません。

「ごめんなさい」と「ありがとう」が素直に言えること。そういう心で過ごせば老人になっても、まわりにやさしい人たちが集まってきます。そしてあなたを助けてくれます。

もし、まわりが意地悪するようだったら、それは自分がやさしい人間に育っていなかったからです。

いい老人になるには、これからでも遅くありません、こんなふうに心がけてみましょう。

- 自分の欠点を見直すこと
- 人の好意を素直に受け取ること
- すべてのものに愛情をそそぐこと
- 日々、感謝の気持ちで暮らすこと

わたしの健康法

こうした人生の師匠や友人たちとふれあい、感化されながら、これからの八十代をどう生きるかについて、ちょっとした日常の心構えをまとめてみました。

①尊敬する先輩の意見を素直に聞く。
②聞いたら、素直に実行する。
③いままで生きてきて身につけた自分の得意、好きなものをまとめてみて、自分がいまどのような人間になっているのかを考えてみる。
④欠点を含めて自己採点する。
⑤自分が見えてきたら、冷静にこの先を考える。
⑥環境を整える（いろいろな人との交わりを再考する）。

⑦まず、健康を維持することを優先する。
⑧今日一日の時間割をつくり、粛々とこなす。
⑨美味しい食事をとる（なるべく仲の良い友達たちと一緒に）。
⑩誘いがあれば、お洒落をして外出する。
⑪仲良しのグループをつくる。
⑫友人と日を決めて会い、おしゃべりをする。
⑬日記をつける（書くことが重要）。
⑭良い話はすぐ実行する。
⑮すべてポジティブに動く。
⑯うしろを振り返らない。過ぎたことは忘れる。
⑰すべてのものに感謝する。

「傘寿」という美しい傘をさして

八十歳は「傘寿《さんじゅ》」ともいいます。わたしの心酔する仏教詩人、坂村眞民先生は傘寿について、次のようなすてきな詩をつくっています。

傘寿という傘
傘寿という傘をさし
雨ニモマケズ
歩いてゆこう
八十になったら記念に
仏さまから傘を頂こう
天蓋のような美しい傘を

坂村先生のいう「傘寿」という美しい時代をどう過ごしたらいいのでしょう。

わたしが考えるには、なにはさておき、一人で孤立しないことです。ですから、わたしはいくつものグループに属しています。そのなかでも本当に気の置けない、楽しい高齢者の集まりがありますので、いくつか紹介します。

まずは「安倶楽会《あぐらかい》」。

銀座の旦那衆の小唄の集まりで、もう二十五年も続いています。二十五周年のお祝いの会にわたしも招かれました。場所は銀座のライオンビアホール。このご主人も安倶楽会のメンバーで、年に一度の集まりをここでやることになり、もう二十五年もたったわけです。

小唄の師匠は若くてきれいな女性で、彼女も二十五年間、ずっと教えています。赤坂の芸者衆が会に色を添え、粋な三味線の爪弾きに合わせて旦那衆が自慢ののどを聞かせます。すっかり江戸の情緒に浸りました。

小唄が終われば宴会です。ビールも、料理も、おいしいこと！

「百歳なんてこわくない！　もうじきわたしも百歳だよ。でもほらこのとおり！」と白髪の老紳士が声を挙げました。そのまわりを和服を召した夫人たちが囲み、とてもにぎやかに談笑しています。見ていて、本当に幸せな方々だと思います。いくつになっても色気をうしなわない男性は魅力的です。粋な男女の集まり。それが安倶楽会です。

もう一つは「奇月会《きげつかい》」という句会の集まり。

平均年齢七十歳。奇数月に一回、俳句の会を開いています。会場は元羽澤ガーデン社長の森さんのお宅。男女合わせて十五、六人の仲良しの集まりで、さまざまな人生を歩んでこられた人たちだけに、とても味のある句をものされます。わたしの力なぞ足元にも及びません。

でも、ときどき川柳のようなユーモラスな句もあり、わたしたちを楽しませてくれます。

何もわからなかった最初のころにつくったのが、次の句です。

春雷に　路地より消ゆる　ひよりげた

五月雨や　三味の音　隅田の川となる

この句を披露したら、「色っぽいね」と評されていい気になりました。なんでもいいから思ったことを詠めばいいといわれ、仲間に入れてもらっています。句会が終われば酒盛り。これがまた楽しいのです。芸術、マスコミ、実業ともろもろの世界を歩いてこられた紳士たちのおしゃべりはとくに面白いのです。盃を交わしながら侃々諤々《かんかんがくがく》、女性陣も顔負けのおしゃべり。みごとな応酬とハーモニー。旬のお料理をいただきながら話に花を咲かせる。やはりここでも、男と女が集まるのが楽しいのですね。

共通の趣味とお遊び、楽しみを共有するグループは長続きします。それに、みんな、若い！　新しいエネルギーをもらえるのです。やはり、集まることが大事です。

明治の大文豪、夏目漱石はちょうど五十歳で亡くなっています。平均寿命が五十歳の時代です。老大家の立派な大往生ということになりますが、いまなら若手作家の早世ということになります。

エイズの研究で有名な熊本大学医学部の満屋裕明教授も、「八十歳はいまでは昔の五十歳」として、「五十歳以上の人士よ、直ちに決起せよ！」と檄《げき》を飛ばしています。

わたしも、これを聞いたら黙ってはいられません。わたしたち女のパワーを世の中のために役立てなければ！　そのためにも、サードファミリー！

では、具体的に何をやろうかと考えたときに、期せずして全員の意見が一致しました。「酵素風呂」です。

サードファミリーと「酵素風呂」は切っても切り離せない関係です。サードファミリーの立ち上げと一緒に、わたしの終生のライフワークとなる「酵素風呂」はこうしてスタートしたのです。

［第4章］ふしぎな酵素風呂に魅せられて

サードファミリーの構想が少しずつ形をなしていくなかで、とてもふしぎな存在と出会いました。

それが「酵素風呂」です。

酵素風呂とのかかわりから、わたしの生活は一変し、田端のわたしの家がなぜかふしぎな様相を強くしていったのです。

酵素風呂との出会い

小田急線参宮橋でブティック「サロンドエフ」を開いていたころのことです。片岡みい子さんという女性がすてきな手染めのクッションを持って店に入ってきました。飛び込みの売り込みです。

クッションの図柄は宇宙全体をあらわしたもので、太陽、星、月、花鳥、魚などが描かれていました。わたしはその絵柄がとても気にいって、店に置くことにしました。彼女と話してみるととても人柄がよく、わたしはすぐ彼女のことが好きになってしまい、それから彼女との交際が始まりました。

彼女には夫がいて、お名前を正垣親一さんといいます。

やがて彼もわたしの店に顔を出すようになり、向かいのスーパーに買い物に来てはうちに寄ってくれるのです。たいそう明るい人で、声も大きく、彼が現われると店の中がいっぺんににぎやかになります。自分の好きなことをガーッと一気に話しては、さっと帰っていく。本当に面白い人でしたが、並みのスケールでは量りしれない破天荒な人でもあることがやがてわかってきました。

あれは七夕の日でしたからよく覚えているのですが、一九九九年の七月七日のことです。久しぶりに小金井の迫登茂子《さことこ》先生がお店にいらしてわたしと話し込んでいたとき、正垣さんがやってきて、わたしたちの話に加わりました。彼には遠慮や躊躇というものがありません。

「ぼくには時間がないんです。この十一月にはたぶん、ぼくの呼吸は止まるでしょう」

正垣さんの突然の言葉に、迫さんは目を見開いたままです。正垣さんは癌を発病していて、二度の大手術を終えた後だったことはわたしは知っていましたが、初対面の人にそんな大事を打ち明けられて、迫さんはビックリして言葉もありません。

ちょうど昼食時で、三人で近くの中華料理店で食事をしました。それも正垣さんの誘いです。

「いまは抑えられているけど、癌というのはできるまでは時間がかかりますが、いったんできるとひろがるのは早いですよ。医者がおろおろしているのをみると可哀想なので、ぼくは死なないよと、逆に医者をなぐさめるんです」

自分の病を笑いにできる豪胆な人でした。

彼はクロレラなどの乳酸菌やパンを扱う会社を経営していましたが、東京外語大のロシア科出身。ロシア語に堪能で、ロシア事情に大変明るい人でした。人によっては、彼をロシア研究者、それも第一級の専門家と呼ぶ人もいました。彼の講演プログラムの経歴欄には、「一九六八年、ソ連・東欧共産圏の研究と人権擁護運動を開始、ソ連邦崩壊後のロシアで私財を投げ打って多面的な支援活動を展開する」とあります。

わたしのまったく知らない世界で彼は大変な大物らしく、片岡さんもそんな正垣さんの人物の大きさに惚れたのでしょう。

ところが、その彼に病魔が襲いかかったのです。わたしは片岡みい子さんの旦那さんなら何としてでも助けてあげたい。あんないい人を手をこまねいて死なせたくない。その一心から迫先生や仲間の女性にも声をかけてみると、みんなが快く協力を口にしてくれました。

彼自身も発病後まもなく、自ら病魔を克服するために未知の領域に飛び込みました。それが、「米糠《こめぬか》」を使った「酵素風呂」を自宅でつくることだったのです。

自分がビジネスとして取り扱っていた乳酸菌を米糠に混ぜて、少量の発酵物質を試作。温度が出てくると、徐々に米糠の量を増やして大きく育てていき、やがて人が入れる酵素風呂をつくりました。

彼は自分の体で試しながら、改良を重ね、酵素風呂は成長していきました。わたしたち仲間は、彼の生命を守るため、必死で酵素風呂づくりのお手伝いをしました。いま振り返ると、よくぞあそこまでやれたものだと思うくらい懸命に打ち込みました。このときのお手伝いメンバーが、サードファミリー五人衆の面々なのです。

酵素風呂は臭います。とくに発酵時の臭いはすごいものがあります。正垣家は大きなマンションの最上階にあるのですが、マンションの入り口を入り、エレベーターに乗ると、猛烈な酵素の臭いが漂ってきます。マンション中、その臭気に満たされているのです。隣室の人はもちろん、マンション中が大変な騒ぎになりました。

そんな騒ぎの一方で、正垣さんの体調はどんどん良くなっていきました。酵素風呂のおかげ――やがてそんな噂を聞きつけた癌患者の方々が大勢、押し寄せてくるようになりました。正垣さんは自分の病気を忘れたかのように、それどころか逆にわたしたちの健康を気遣いながら、多忙に、かつ楽しく日々を過ごしていきました。

彼としては、やはり病魔へのおののきは消えていなかったと思いますが、この日々の彼の悠然とした態度には本当に頭が下がります。

そんなある日。なんと、ロシアで酵素風呂をつくり、エリツィン大統領を入れようという話が飛び込んできました。

一九九八年四月にエリツィン大統領が来日し、静岡県の川奈で橋本総理との会談がもたれました。平和条約に、友好協力に関する原則を盛り込むなど、北方領土問題に解決の兆しが見え、エリツィンも、日ロ関係が急速に発展していると満足げなコメントをして帰りました。

しかし、そのころのエリツィンは、さまざまな病気を抱えており、ウォッカをがぶ飲みすることでも知られる人でした。日本から帰国したあとも容態が思わしくなく、世界中から名医といわれる医師が集まっていましたが、ひょっとしたらという不測の事態も予想されるほどでした。

日本政府は、なんとかエリツィンが大統領在職中に北方領土で進展をみたいと考えたようです。

エリツィンが健康問題で失脚したら、川奈合意は露と消えてしまう。そこで、正垣さんの酵素風呂に白羽の矢が立ったのです。

癌も治るほどの威力があるという酵素風呂に入れて、エリツィンの健康を回復させ、再び来日してもらう。識者から見ればこっけいなことかもしれませんが、これは事実なのです。

酵素風呂のロシア行きが決まりました。

用意するものは、大柄なエリツィンが入れるような大きな浴槽、米糠などの材料、その他道具一式。ロシアへ行くのは正垣夫妻。

モスクワの設置先としては、正垣夫妻が支援している学校の保健室に決まりました。正垣夫妻が現地に着き、雪がしんしんと降る極寒のモスクワで酵素風呂づくりが始まりました。でも酵素風呂づくりは難航しました。寒すぎて、どうしても米糠の温度が上がらないのです。さんざん試行錯誤の末、やっと人が入れるような温度の酵素風呂が出来上がりました。

日本の留守部隊であるわたしたちは、電話で正垣夫妻から酵素風呂づくり成功の報告を聞き、万歳をしました。

しかし、そのことがあって時をおかず、大晦日の夜、エリツィンは突然大統領の職を辞してしまったのです。

せっかく出来上がった酵素風呂は、モスクワの学校に置いたまま、夫妻は帰

酵素風呂の生みの親・正垣親一さんと奥様の片岡みい子さん。後ろの和服姿はサードファミリー五人衆の一人、わたしの学生時代からの友人の岩井美代さん。駒形どぜうにて。

国しました。夢中で過ぎた数カ月でした。

正垣さんはその後、癌が脳に転移し、手術・加療の甲斐なく、とうとう他界してしまったのです。

このプロジェクトでの数カ月間の行動は参加したみんなの強い絆をつくりました。正垣さん亡きあとも、なんとかして酵素風呂を支えていこうということになり、わたしの田端の家に移すことになったのです。

これが、わたしがいまも自宅で酵素風呂を続けるようになったいきさつです。このときかかわったメンバーはいまも酵素風呂の成長に協力してくれています。それは、正垣さんが天上からわたしたちに指示しているのだとわたしは思っています。

「わが身を救えないなら、他人を救うこと」

「微力であれ、精神的なものであれ、可能な人助けはすぐに実行すること。癒しが差し込んでくるのはそんな世界においてでだ」

正垣さんが死の直近に著した言葉です。

酵素風呂のつくり方

酵素風呂はどんなふうにしてつくるのか、簡単に紹介しておきます。

まず、人がゆったりと横たわれる大きさのヒノキの浴槽を用意します。

その中に主役の米糠をたっぷり入れます。浴槽の八分目の高さくらいまで。

そこに、米糠を発酵させるための乳酸菌と水を入れ、三十～四十度に保った部屋で二十四時間ほど寝かせます。すると、米糠は自然発酵して四十～七十度くらいまで温度が上がります。酵素の出す熱です。酵素は七十度以上になると死んでしまうのですが、とてもお利口さんなので、それ以上の温度にはならないように自ら調節するのです。

酵素の食べ物は、水と空気です。

米糠がいったん発酵したあとは、毎日水とまぜ、大きなフルイにかけて空気をまぜてやります。毎日一回、必ずこの作業をやらなければなりません。これをおこたると糠が固まり、最後は石のように硬くなってしまいます。

通常米糠は、そのままにしておくといつまでも姿を変えませんが、いったん水を加えると生き物に変わります。生き物としてこの世に生まれさせた以上、誰かが面倒をみるのは当たり前です。

簡単なようですが、水の温度、室温、湿度など、環境の微妙な調節にとても気を遣います。

ちょうど七十歳のときに手がけて、気がついたら十年たちました。

それは、本当に試行錯誤の連続でした。

米糠の脂と人間の汗がドッキングすると臭いが出るというので、当初は脂肪分を抜いた脱脂糠を使いました。

ところがこの原料を使うと、次のような欠点があることがわかりました。

①人体（皮膚）に感じさせる熱さがきつい
②農薬を米糠から除去するための作業が大変

体の中に農薬が入っては元も子もないので、農薬を除去するための機械を設置して脱脂糠を水洗いして農薬を除きました。これで米糠の量は元の三分の二ぐらいに減ります。この手間が大変なのですが、これをしないと健康のためなどとは言えなくなります。

しかし、ある日、この洗浄機械を考案し製作した方が突然失踪してしまったのです。おまけに、機械が故障して使えなくなりました。修理もできず途方に暮れていると、また新たな出会いがありました。平成十六年秋のことでした。

鳥取県で日本一のコシヒカリを生産している有機農家の田中農場の田中正保さんがその人です。田中さんはこう言うのです。

「とてもすぐれた物質である米糠の脂分を抜くのはもったいない。その脂はオイルマッサージの役割を果たすんですよ」

田中さんはお米にやさしい有機農法でやっていますから、できた米糠は安全・安心です。わたしはやっと体に無害なすぐれた米糠と出会ったのです。

そしてもう一つ、とてもすばらしいプレゼントがありました。それは、お酒用の米からとれた酒米糠《さかまいぬか》です。良質の米糠にさらに上質の酒米糠をブレンドする。とても贅沢な酵素風呂になりました。

同時に発酵物質に従来の乳酸菌を使うのをやめ、主婦のわたしが何度も実験を重ねて探し出した発酵材を使うことにしたのです。

良質のものと良質のものが出会うと、すばらしく上質な製品が出来上がるのですね。わたしは出来上がった酵素風呂を見てそのことを実感しました。

失敗と失意を繰り返しながら、わたしと糠との共生が始まったのです。

臭いとの格闘から酒蔵のような芳香が

前に書きましたが、酵素風呂の臭いは大変きつく、正垣さんが住むマンションでも大問題になりました。田端のわたしの家でも、最初は同じ発酵法でしたので、四方の窓を開けて換気すると、やはりご近所から苦情が出ました。

ところが、田中農場の米糠を使い、自家栽培の発酵物質に切り替えると、だんだん臭いが薄くなってきたのです。

新たな発酵物質の発見には苦労しました。化学品はいっさい使わない。天然の植物と鉱物。あくまで体に害を与えない天然のもの。知人や友人から、これがいい、あれがいいといろいろなものを送っていただきました。実験だからと少量のサンプルで済ますことはしないで、実際に使う量の米糠で試したものですから、いったいどれだけの米糠をダメにしたことやら……。

海のもの、山のもの、土の中のもの、ほかにもいろいろな地方で採れたもの、あらゆるものを時間をかけて試してみました。

その成果が実り、いまではほとんど無臭といっていい、信じられないほどいい香りの酵素風呂に成長しました。

いま、世の中にある酵素風呂に比べても、わたしの酵素風呂は格段に良い香りだとみんなから言われます。苦労のかいがありました。

臭いが良くなったのは、「米糠＋酒米糠」のブレンドのせいもあるかもしれません。現在、わたしの家の酵素風呂の浴槽は三つありますが、全部ヒノキのお風呂です。その中に微生物が棲みついて、酵素を自然にやさしくつくってくれるのです。わが家の一階の浴室は十年たって酒蔵のようになりました。いまでは本当にすばらしい芳香が漂っています。臭いが香りに変わり、強い熱から暖かくやさしい温度になり、糠の性質も変わってきました。すべて、十年という歳月がもたらしたものです。酵素風呂の面倒をみてくれるボランティアの青年たちも、ちょうど酒蔵の杜氏《とうじ》さんのような風格を帯びてきました。

だからこそ、このお風呂に入れば、その人の心構えが変わってくるとわたしは思っているのです。

「田端の酵素風呂、万歳！」なのです。

ですが、さまざまな紆余曲折もあったのですよ。

米糠を洗う装置がダメになったとき、わたしは本当に打ちひしがれ、失意のどん底でした。機械をつくってくれたＯさんがわたしの前から姿を消したことは先に述べましたが、わたしはこの機械のために家の前の庭をつぶして小さな工場をつくったのです。機械が故障したときは、いなくなったOさんの行方を八方手を尽くして追いかけました。しかし、ようとして行き先はつかめません。わたしはうまく騙されたようでした。

しかし考えてみると、そのおかげで鳥取の田中さんと出会えたわけですから、禍福はあざなえる縄の如しです。いまはOさんを恨む気持ちはまったくありません。

このとき、窮地のわたしを救ってくれた人がもう一人います。東京新聞の若松篤さんです。

気力もお金も使い果たし、もう酵素風呂なんかやめたい！　とある日わが家にやってきた若松さんに愚痴ったのです。

「髙橋さん、なんていうことを言うんです。酵素風呂はあなたの財産です。あなたの体を治し、他人の体を治します。世の中にこんなすばらしい財産はありません」

わたしは、弱音を吐いた自分が恥ずかしかった。

その彼の言葉のおかげで、わたしは気を取り直し、酵素風呂と辛抱強く、楽しい会話を再開し、自分自身の修業の場として酵素風呂と向き合うようになったのです。

若松さん、ありがとう。

酵素風呂はこんなに体にいい！

酵素風呂は四十～六十度の熱が出てきたら入れます。砂風呂のように米糠の中に体を埋め、仰向けに横たわります。入浴時間はだいたい十五分ていど。五分ぐらいたつと、毛穴が開いて顔から汗が吹き出してきます。体からはもっと汗が出ていますが、この汗と一緒に体の中の毒素や老廃物が排出されるのです。これが酵素のもっともすぐれた特徴です。

汗が出たあとは、開いた毛穴から酵素が体の隅々まで入っていきます。体内に入った酵素は、人体のそれぞれの部位に住む酵素に力を与え、免疫力の増進に働くのです。

体内に外敵が入ってきても、この免疫力が高まっていれば体内でそれを撃退

米糠が発酵して発熱する酵素風呂。白衣姿のわたし。

することができるのですね。

酵素の持つ底力は大変なものです。

とくに酵素風呂は砂風呂と違い、微生物が生きています。それが人間の吐き出した悪いものを食べてくれるので、何回入っても他人の悪いものが伝染することはありません。微生物の働きでいつも清潔に保っていられるのが酵素風呂の特徴です。微生物は目には見えませんが、酒蔵と同じようにいつの間にか浴槽の中に棲みついているのです。

入浴している人がよく、糠が動いていると言います。それは酵素がその人の悪いところ、痛いところに寄っていくからです。まるで、悪いところを治してやろうとでもいうように動いてくれるのです。黙って寝ていても、自然に向こうから寄ってきて治してくれるのです。

ですから、酵素風呂に入るときは、無心に横たわっていればいいのです。酵素は生きていて、その人のために一生懸命働いてくれます。

人間との共生——窓口のない心療内科

酵素風呂を新しくするとき、わたしは二、三日間かかりきりになります。最初の米糠の投入・攪拌から発酵まで、ぜんぶわたし一人の手で完成させるからです。わたしにとって米糠酵素は自分の子どもです。そのわが子に生命を与えるのがわたしの仕事なのです。

米糠は水と発酵材をまぜ合わせると活動を始め、静から動に変わり、生命となって誕生するのです。わたしの手で生み出した生命はわたしの手を母として記憶しています。

酵素風呂のあるわが家は、まるで窓口のない心療内科のように、体や心に悩みと痛みを抱えた方がいらっしゃいます。わたしはその人たちをお迎えして、酵素風呂を掻きまぜながら心の中で頼みます。「お願い、この人の痛みを治してあげて。この人の心を鎮めてね」

酵素たちはわたしの子どもですから、母のわたしの言うことを必ず聞いてくれます。

あるとき、依頼されて介護付き有料老人ホームへ米糠の「足湯」の説明に行ったことがあります。声をかけてくださったのは医師の碧井猛先生です。碧井先生はアメリカのカリフォルニア・ヒューマンサイエンス大学院の客員教授で、国際健康科学会の理事長。老人医学の専門家でもあり、老人ホームで酵素風呂の効果を教えてあげたらどうかとわたしに声をかけてくださったのです。

老人ホームには前もって足湯のセット一式をお送りしておきました。このセットは、あるお客様からの「田舎の親にも酵素風呂を味わってもらいたい」という要望にお応えしてわたしが開発したものです。特別にこしらえてもらった発泡スチロール製の四十センチ四方の容器に乾燥糠を入れたものです。

当日わたしは、すでに温度が上がっている米糠セットを一つ用意して持っていきました。というのは、乾燥糠は水分を入れて熱を出すまで二～三時間かかるからです。

ところが老人ホームに着いてみると、たくさんのご老人が待っており、とても持参したセットだけでは足りません。内心困ったことになったと思いましたが、こうなれば仕方ありません。急きょ、送っておいた乾燥糠セットにも働いてもらうことにしたのです。

同行した杉田由美さんと二人で乾燥糠を掻きまぜ始めました。「お願い！熱を出して！」と必死に祈りました。

すると、ものの十分もたたないうちに少し暖かくなり、やがて熱が出てきたのです。米糠がわたしの手を覚えてくれていて、すぐ反応してくれたのです。奇跡が起こったのです。見守っていたご老人たちが手を叩いて喜んでくれ、足湯に浸かりました。

この奇跡は、わたしだけの力だけではなく、待っていたご老人たちの期待、スタッフの願いなど、その場の雰囲気が一体となったからこそ起きたものです。

帰り道、碧井先生と杉田さんの三人でこの奇跡を喜び合いました。本当に優秀なわが子たち！　無心に相対すれば必ずこちらの願いを叶えてくれるのです。感謝！　感謝！

半身不随の人が一人で立ち上った！

酵素風呂を始めて十年、奇跡としか思えない入浴効果をいくつも目の当たりにしてきました。

東北地方のある県で会社を経営しているKさんは、脳梗塞で三回も倒れて右半身不随の状態です。

車で運転手さんと二人でわが家を訪れ、朝晩二回、酵素風呂に入り、二、三日ゆっくり過ごして帰られます。

五十代で倒れられてから、右半身が完全に硬直していて、ステッキを頼りに一歩一歩、ゆっくりと歩きます。

ある日、酵素風呂に入ったあと、「こんなおいしいすき焼きは初めて」とKさんがいう夕食をみんなでとり、お酒を飲み、楽しく語らったあと、十二時ごろ床につきました。

翌朝八時、

「いやあ、家にいるようにゆっくり休めたよ」

と言って、

「一人で立てるような気がする」

と、ステッキも持たずに布団の上にゆっくり立ち上がったのです。

立てた！

人の手を借りなければ何もできない人が――。

一人で立ち上がれたのです。

汗びっしょりの顔が嬉しそうに笑っていました。

奇跡が起きたのです。

そばで見ていた運転手さんとわたしの二人は、思わずバンザイ！　と叫んでいました。

脳梗塞が消えた！

まだあります。よくおみえになるとても親しい知人が、定期健診で軽い脳梗塞が二、三個見つかったと、あわててわが家にお越しになり、酵素風呂に入ってお帰りになりました。

翌日、ＭＲＩの検診を受けたら、なんとその脳梗塞が消えていたのです。果たしてそれが酵素風呂の効果なのかどうかはわかりません。だけど、その方はいまも酵素風呂のおかげだと信じているようです。

サードファミリーの顧問である碧井先生に酵素風呂の効果を科学的に調べてもらったことがあります。

酵素風呂に入る前と入ったあとの「経絡《けいらく》」の様子をＡＭＩ（経絡臓器機能測定機）という機器で調べたのです。

「経絡」とは、人間の気の流れのことです。入浴の前に被験者の経絡を見たら、体の悪いところが凹んでいて、すぐわかりました。入浴後にまた経絡を調べると、その悪い凹みがなくなり、丸くなっていました。その一時間後にまた調べると、経絡はもっと良好になっていたのです。

碧井先生の結論は、体の悪い部分を早期に発見して、酵素風呂で血流をよくすると、その治療効果が長く続く、ということでした。

それをうかがってわたしは、酵素風呂について医学分野での開発・利用がすすんでくれないかなと強く望む気持ちになりました。

そうすれば、わたしの七十歳台の十年間が大きく実を結び、酵素風呂の生みの親である天国の正垣さんも報われると思うのです。

サードファミリー若手五人衆に感謝！

酵素風呂の歴史はそのままサードファミリーの歴史です。十年間、われながらよく続いてきたと思います。でもそれは、この十年間で育ったサードファミリーの若手五人衆が、多忙の合間を縫って献身的に手伝ってくれたからなのです。

長女　村上道子（国際ソロプチミスト東京・新宿）
次女　片岡みい子（ライター・翻訳家。正垣氏未亡人）
三女　小牧恭子（某自動車会社副社長令嬢。キャリアウーマン）
四女　藤田千恵子（ノンフィクション・ライター。お酒通）
五女　杉田由美（会社経営者）

気がついたら、いつの間にかこの五人の方々がわたしのまわりに集まっていました。それぞれ個性的で実力のある人ばかりです。みんなが、素直さ、上品さ、謙虚さを持ち合わせ、おまけに美人ぞろいです。

わたしはいつの日か若手グループが育ち、サードファミリーの力になってくれると期待していました。でもそれは無理してやることではない、神様が自然におつくりになると思っていました。十年たったら、本当にそうなりました。何事も十年が一区切りになると実感しています。

彼女たち若手五人衆の提案する最新のプランとわたしたちスーパー五人衆の

落ち着いた取り組み――これがいまのサードファミリーの強みです。みんなが仕事を持っていて時間のない人たちばかりですから、ものごとの決断は早い。いったん方向が決まれば若手のやる気がわたしたちにも移り、本当に気分が若返ります。

とくに次女の片岡みい子さんは、わたしの酵素風呂の師匠、正垣さんの未亡人ですので糠と酵素風呂をこよなく愛しています。田端のわが家で立ち上げたときからこれまで、わたしと一緒に酵素の生育に一喜一憂しながら、その成長を手伝ってくれた人です。

みなさんには、ただただ「感謝」のひとことです。

糠作業は軽快なリズムを刻みながら

糠をまぜる作業はけっこう体力が要るのですね。七十代の老婆にはきつい仕事です。わたしがいまでもこの作業ができるのは、もしかしたら、若いころやったバレーボールの練習のおかげでしょうか。自分で言うのも変ですが、並みの老人にはめずらしいパワフルさで頑張っています。

愛しい糠たちですが、まぜる作業は単調です。楽しくやらないと続きません。糠をフルイにかけるとき、わたしはさまざまな音楽のリズムを体で刻みながらやるようにしています。たとえば、

サンバのリズム
モーツァルトのリズム
ベートーヴェンのリズム
チャチャチャのリズム
タッタッタッのリズム

その日の気分にしたがってリズムを選び、フルイをふるいます。スローリー、スローリーと気分良く、時間をかけて、糠とハーモニーを奏でながら一体化するのです。

また手伝いの人と向き合って二人でやるときは、楽しさがまた変わってきます。二人の気持ちが合わさるからです。

チャチャチャ、タッタッタッ。リズムに合わせて糠も踊ります。そうして楽

しい糠の山が出来上がっていくのです。最後はたいてい、松ケンサンバのリズム。勢いよく「オーレー！」で作業を終えます。

酵素風呂のあるわが家の一階を今風にいうなら、エステ付きダンススタジオでしょうか。エステ、エクササイズ、トレーニング。

裸になってお風呂に入るのがイヤ！　という人は、糠の掻きまぜ作業を三十分、リズムに合わせてするのがいいと思います。体が自然に動き、汗が出てきます。いつもは使っていない両腕、肩、腰、足を動かします。酵素にふれて、ガスを吸って、体を動かして。

エステで横になっているよりははるかに効果的です。もちろん、美肌効果もありますよ。

どうぞあなたも、リズムダンスを加えたわがダンススタジオへ、いつでもいらしてくださいね。

糠作業のありがたい助っ人たち

「水曜日の男」

あれは、もう何年前のことになるでしょう。

ある日、片岡みい子さんが一人の青年を連れてきました。映画のエキストラや着ぐるみショーのアルバイトをしていて、正垣さんの酵素風呂を手伝っていた人です。

たまたま、彼の先輩に有名なゴジラの役がまわってきて、かなり重いぬいぐるみを着て猛暑の中で動きまわっていました。先輩の体が心配なので、体力維持のため酵素風呂に入れてあげたいと言うのです。

聞いていると、心根のやさしい青年とわかります。

「でもわたしも先輩も、お金がありません。わたしが酵素風呂の作業を無料でしますから、どうぞ先輩を酵素風呂に入れてあげてください」

と、その青年、宮松広行クンが言ったとき、思わずホロリとしました。

それから宮松クンは毎週水曜日の夜、わが家に来て作業を手伝うようになりました。雨が降っても台風が来ても、どんなことがあっても、成城の自宅から車でやってきます。

わたしたちは、彼のことをいつしか「水曜日の男」と呼ぶようになりました。ただ、彼の先輩というゴジラ役の人は一度も風呂に入りに来ませんでした。しかしその先輩は、宮松クンの思いやりを糧に精進したのでしょうか、いまや名の知られた俳優となりました。

「あなたがつくったお風呂だから、あなたが入ったら」とわたしが言うと、「もったいなくて入れません」と、シャワーを浴びただけで帰ります。宮松クンはそんな人です。

宮松クンのつくった酵素風呂の形はピラミッドのようなきちんとした三角形になっています。彼は何を考え、どんな会話をしながら糠たちと交わっているのでしょう。

ほぼ十年間、田端の家に一度も休まず通ってくる宮松クンには脱帽。感謝です！

「土曜日の男」

最近、宮松クンに続く第二の男性が現われました。もう一年近くになります。この男性も以前正垣さんの闘病中に酵素風呂を手伝っていた人です。

改めて酵素風呂の研究をしたいということで、やはり片岡さんが連れてきました。

毎週土曜日にやってくる三和亮クンです。

水曜日の男性が「月」なら、土曜日の男性は「太陽」です。水曜日の宮松クンはもくもくと動き、土曜日の三和クンは陽気にしゃべりながら作業に励みます。二人はまさに、静と動の感じです。

神様はなんという精妙な配剤をしてくれたのでしょう。毎週月と太陽の青年が来てくれるのをわたしは楽しみに待っているのです。

わたしは、彼らを月と太陽の先生と呼んで社会学の勉強をしているのです。三和クン、ありがとう。わたしの年齢に比例してこうして助っ人が増えていくのは嬉しいことです。

インストラクター三人衆

そのほか酵素風呂の日常のケアにたずさわってくれる人を、わたしはインストラクターと呼んで感謝しています。

その第一号が、飯沼悦子さん。さる小料理店の女将さんで、自然食品の研究にも取り組まれていて、酵素風呂を研究したいとわが家にみえました。それから一年間、二日に一度は田端に来て酵素風呂に入りながら、一から酵素風呂の勉強をされました。その熱心さにはわたしもほとほと感心しました。

一年後、わたしが「酵素風呂インストラクター第一号」の称号を差し上げると、彼女はとても喜んで次のような文を書いてくれました。

「ふしぎな空間の浴室の中で酵素風呂に入り、言い表せないような気持ち良さになり、すっかり魅せられてしまいました。

酵素風呂との出会いは、あとで考えてみれば、まさに浄化のはじまりだったように思います。一年間、四季折々、微妙に変わる酵素風呂を体験させていただきました。そのうち髙橋さんの言うように、酵素糠はわが子同様と思えるようになりました。

あっ、この子は女の子、この子は男の子かなと感じながら、糠と会話し、交わるひとときは、本当に幸せでした。

いつしか、以前からの持病である自律神経の乱れがなくなり、良いバランスが保てるようになったのです。そして、お肌がきれいになったなどとのお世辞もいただくように。

一クールが終わり、少し酵素風呂から遠のくようになってはっきりわかりました。すべては、酵素の力だったことが――」

酵素風呂とのふれあいの中で飯沼さんの人間性も磨かれたようです。

もう一人のインストラクターは、わたしの家のお隣の住人、安井節子さんです。彼女は酵素風呂の施設管理や温度管理など、あらゆる保守・点検をやっていただいています。彼女がいなければわたしの大事な酵素は生きられなかったといっても過言ではありません。

三人目は、高橋由香さん、優秀な介護師さんです。サードファミリーでは、

「レスパイトケア」といって、きつい仕事で疲れた介護する人たちへのケアもやっているのですが、彼女はサードファミリーでただ一人レスパイトケアの仕事ができる人です。実際には酵素風呂のケアまでお任せすることになり、それを丹念にやってくれるので、とても貴重な人材です。

飯沼悦子さん、安井節子さん、高橋由香さんの三人がそれぞれの個性で自分の担当をきっちりこなしてくれるおかげで、田端の酵素風呂は今日も元気なのです。

糠がお役目を終え、死を迎えるとき

わたしの子どもでもある糠も、成長し立派に仕事をやり終えると、生命あるものにはすべて終わりがあるように、死を迎えます。

糠の生死には水が大きくかかわっています。

あるとき山に登ったら、注連縄《しめなわ》を張った大きなご神木がありました。わたしはそのご神木に抱きつき、耳をあてました。幹の中では水がサラサラと音を立て流れていました。

何百年も立っている老木の中を、こんな清らかな音を立てて水が流れている。わたしは思わず、木に尋ねました。「この水はどこに行くの？」

老木は、木の魂と水の魂の出会いによっていつまでも立派な形をとどめているのです。人間の体もその七十パーセントは「水」で、細胞水が体中を駆けめぐっています。これが、生命が続く原理です。

わたしの酵素風呂の糠も、そのまま置いておくと何にも変化しません、ところが、いったん水と合わせると、たちまち別の物質に変化します。一夜にして自然発酵し、自然発熱します。一度発熱して糠から酵素糠に変わったら、まったく異なる「生き物」として生まれ変わるのです。

糠と水と空気。それぞれの持つ結合力によって、単なる物質が新しい生命に生まれ変わるのです。生まれさせたからには、責任をもってその生命を守らなければなりません。

酵素糠の毎日の食べ物は、水と空気です。生き続けてもらうために一日一回、酵素糠をふるいにかけて水分と空気をまぜるのです。これを怠るとたちまち隣同士がくっつきあい、石のような塊になってしまいます。そんなとき、わたしから見ると酵素糠は困ったようなかわいい顔をします。ゴメン、ゴメンとあやまって、元にもどってもらいます。

わたしの手で生命を与えたのですから、わたしは酵素糠たちの母親なのです。わたしが手を抜いても、かれらは日々、どんどん成長していきます。朝、昼、晩、わたしは手のひらで、子どもたちにさわります。わたしの手と子どもたちは大の仲良しです。温度が下がったら、「ごめん、上がってね」とやさしくなでると温度が上がります。対話が通じるのです。

一つの酵素風呂の中には一〇〇キログラムの糠が入っています。その大量の糠が酵素糠に変わるのですから、それが発する熱量は膨大なものです。温度は六十度から七十度になります。酵素糠君はおりこうさんで、体温が七十度以上になると自分が死ぬことを知っています。ですから、それ以上の温度にはなりません。

ただし一カ月以上過ぎて力が弱ってくると、突然高熱を発し、湯気がもうもうと立ち昇ります。酵素糠が砂のようにサラサラとなり、粘り気がなくなります。まるで人の最期のようです。「もう寿命がやってきたのね、よく働いてくれましたね」と感謝しながら、その夜はゆっくりと母親であるわたしの体を入れさせてもらいます。

「ご苦労様でした」

一生懸命働いてくれた酵素糠君とわたしのお別れですね。

糠はお客様の入浴中、体のとくに悪いところ、痛んでいるところに集まります。その動きがわかる人は、必ずいい結果が現われるようです。人と糠の気持ちがぴたっと合ったときに、なんとか治してあげようという糠の気持ちがその人に伝わるのです。

それはたぶん「気」の動きなのです。自分の「気」と相手の「気」の調和。この世の中のすべては、「気」の流れに左右されるのです。

そして、水は気とともに流れるので、きれいに気が流れて気脈がしっかりしていないと、体内の細胞水が動きにくくなり、滞りがちになってしまいます。そうなると、情報運搬力も栄養の運搬力も悪くなり、解毒や老廃物の排出能力も落ちてしまうといわれています。

つまり「気」の流れがすべてです。それが、自分ではわからない「宇宙の教え」なのでしょう。

宇宙は、いつも教えているのですね。


わたしにとって、糠は先生です。発酵のすばらしさ、奥深さ。微生物の生命力から教わる人間の道。

人生の後半に出会った酵素風呂がわたしを、人としてより鍛えてくれたことは間違いありません。

田端のわが家は道場なのです。

［第5章］

田端のふしぎな家

神様に守られた家

わたしの住む家は、東京の城北・田端にあり、ＪＲ田端駅より、歩いて五分ほど。ここに移ってきたのは、いまから五十五年前。移り住んだその年に長男が生まれたので、長男の年齢がそのまま、この家でのわたしの歴史となります。間取りは、もとは日本間三間だけでしたが、子どもが増えるにつれて増築し、いまは二階と合わせて七間になっています。現在一階はすべて酵素風呂の風呂場用に改築し、サードファミリーの事務所、それに台所と洗面所があります。

お客様とお会いするのは、二階の洋間と日本間。昔の家ですから、東西南北に大きな窓があり、日当たりの良さと風通しの良さは抜群です。南側は、田端八幡神社に面し、神殿の真後ろにあたります。神殿とわたしの家の間には、大きな銀杏の木と桜の古木がうっそうと立ち、そのこずえの間から神殿の青い屋根が見えます。

ときおり、神社に詣でる参拝者たちの持つ錫杖《しゃくじょう》の鈴の音がちりんちりんと聞こえてきて、その音を楽しみながらわが家を取り巻く自然の借景に見とれる――。それが、わたしのとても楽しいひとときとなっています。

一九九〇（平成二）年、宮中で大嘗祭《だいじょうさい》が執り行なわれた日。この日はわたしにとって忘れられない一日となりました。

大嘗祭に反対する人たちが、いっせいに都内のあちこちで放火に走り、田端八幡神社にも火の手があがったのです。焼失はあっという間でした。

早朝、パチパチという音に目を覚まし、窓を開けると、目の前でオレンジ色の炎が燃えさかっており、神社をすっぽり包んでいます。やがて炎は天に向かって立ち昇り、まわりは昼のような明るさになりました。

わたしは、「火事よ！　火事よ！」と主人たちを起こして、１１９番に電話しました。話し中でなかなかつながりません。こういうときに、すばしこいのがわたしです。二階の窓からホースで水をかけ始めましたが、次男に「あぶない」と止められ、ガラス戸を閉めました。

しばらくして、熱で窓ガラスにヒビが入り、庭の車庫の屋根がペナペナになりました。庭の木も神社に面した側が真っ黒焦げ。数時間後、八幡神社の神殿はもちろん、社中の美しい桜並木もすべて燃え尽きてしまいました。不幸中の幸いでしょうか、うちは焼けずにすみました。

それにしても、どうしてこんな閑静なところが放火されるのか、夢にも思わぬことでした。八幡神社は応神天皇が祀ってあるからだということでターゲットにされたのだと、あとで聞きましたが……。

あの炎のオレンジ色とおそろしいばかりの火勢は、いまだに忘れられません。でも、その炎のおかげで神社まわりと、わたしの家が清められたのだと思います。

その後、神社は氏子さんたちの寄進で再建されましたが、新しい神殿の銅板葺き屋根はまだ完全な青色にはなっていません。きれいな若い屋根です。

せっかく再建された八幡神社ですが、最近この辺一帯の区画整理が進み、神社の右手は見渡す限り家々が取り壊されました。ところが、その跡地から縄文時代の遺跡が見つかり、毎日、文化庁の人たちがやってきて発掘作業が続けられています。

幸運なことに、わたしの家は八幡神社のおかげで区画整理からまぬがれました。火事にも無事で、区画整理の立ち退きにもあわずにすむ。いまさらながら、この場所のふしぎな強運におどろいています。この家の前の主は、昭和天皇の侍医長、高木顯さんです。高木さんのお屋敷の跡地にわたしたちの家が建ったのです。

何かはよくわかりませんが、とてもふしぎな因縁のある土地なのでしょうか。田端のこのあたりは、明治から昭和初期にかけて、作家の菊池寛や芥川龍之介、堀辰雄、室生犀星、詩人の萩原朔太郎、画家の岩田専太郎、美術家の岡倉天心など、そうそうたる名士が居を構えていたところで、いまでも「文士村」と呼ばれています。駅前には田端文士村記念館があります。

当時の地図を見ますと、わたしの家のすぐ近くに、平塚らいてうさんの家があったことがわかります。女流作家の佐多稲子さんも一時、このあたりにお住まいでした。

浅草の占い師に「あなたには文章を書く神様が棲んでいる」と言われたのも、こうした土地柄のせいなのでしょうか……。

田端の家に住むようになってから、わたしの体にいろいろなことが起こり始めました。わたしであってわたしでない、ふしぎな体験が続くのです。

にこにこ笑う顔が現われた

わたしは霊能者でも超能力者でもなく、ごくふつうの人間です。ただ、小さいころからふしぎな経験をいくつか味わっています。

昔のトイレは、和式でした。小学生のころ、大きいほうをして立ち上がったとき、そのウンチが動きました。音もなく、フニャフニャと。おや、なんだろうと思って見ていると、たちまち形が変わり、白雪姫と七人の小人が現われたのです。異人の顔をした小人たちがにこにこ笑っています。

ええーッ。

わたしは思わずその顔に見入りました。

——これが、わたしの前にいろいろな顔が現われるようになった最初の経験でした。

その後、そうした顔は、じゅうたんやソファーの上など、いろいろな場所に出るようになります。子どもの顔や女の顔。決まって、いつもにこにこしています。家具、植木、あらゆる身のまわりのものに「顔」が現われるようになったのです。

これらの物体に宿っている魂が顔の形をしてわたしの前に現われる。「ここに、わたしたちが住んでいるんですよ」と挨拶をしてくるのです。この部屋に住んでいるのはわたしだけと思っていたのに、いろいろな魂を持った生き物たちが一緒に住んでいたのでした。みんな、わたしと同じ空気を吸っています。

昔、よく絵本で見ました。夜中におもちゃや食器・家具などが動き出して、にぎやかなパーティーをやっています。それはずっと空想の世界だと思っていましたが、実際の世界の出来事だったのです。絵本を描いた人も、本当にその光景を見て、みんなに知らせてあげようと思ったのではないでしょうか。

ふしぎな現象が見えるのは、特定の人の持つ特別な能力。そう思われるかもしれませんが、ちがうのです。人間はみんな、同じ能力を持って生まれてきています。素直な心、純粋な目、まっさらな気持ちで物に向き合えば、向こうから働きかけてくるのです。

主人が亡くなり、しばらくたったころのことです。

お墓にお参りし、お掃除を終えて、墓石の上から静かに水をかけました。すると、上から二番目の石の黒っぽい表面の模様が動き出し、見る間に顔になったのです。やはり、にこにこした笑顔でした。

あぁ、ここにも魂が棲み、わたしの前に現われた。

「お父ちゃま、こんにちは」

思わず、その顔に向かって声をかけていました。また、水をたっぷりかけました。すると、墓石の後ろの卒塔婆が、風もないのにカタカタと音を立て、左の方向からさっと風が吹いてきて、墓石を巻くようにして通り抜けていきました。

墓石も、卒塔婆も、風も、みんな生命がある。それぞれ、意思がある。わたしはそう思いました。

その後もお墓で静かに墓石と対座するたび、必ずそうした現象が起こるようになりました。そのときわたしは、墓地と一体になっているのです。

こうしたお墓参りの経験でわかったことがあります。墓石に水をかけると、どうして顔が現われてくるのか。それは、水が墓石を滑り落ちるときに、その中に眠っている人を起こすのではないか。そうしてわたしたちに向こうの人を逢わせてくれるのでしょう。

水の魂と石の魂が合体したとき、ふしぎな現象が起こるのです。魂はどんなところにも宿っており、わたしたちを知らない世界に導いてくれるのです。

お雛さまの顔が笑った

顔といえば、今年に入ってまたふしぎなことが起きました。うちは男の子だけなので、雛祭りをすることはなく、お雛さまを飾る習慣も長いことありませんでした。

サードファミリーの仲間、羽澤ガーデンの森さんからお雛さまをもらってくれないかという話があり、数年前にすてきな雛飾りの一式を頂戴しました。

雛飾りはだいぶ古く、江戸期につくられたものだそうです。やさしい顔立ちの華やかな親王（殿）さまと美しい内親王（姫）、三人官女、五人囃、金の蒔《まき》

ふしぎなお雛さま。羽澤ガーデンの森美恵子さんからのプレゼント。

絵《え》を施したきらびやかなお道具、箪笥、挟み箱、長持、鏡台、針箱、衣裳袋、茶道具など。ちょうど居間の暖炉の上が置き場所にぴったりで、緋毛氈《ひもうせん》の上に並んだお雛さまたちが風雅な雰囲気をかもし出しています。

ところが今年はそのお雛さまに異変が起きていることに気づきました。お姫様がいままでまっすぐ正面を向いていたのに、今年は、首を少し右に向け、向かいの八幡神社のほうを向いて口をわずかに開けて微笑んでいます。しかも、夜になると、目を細めてうれしそうに笑っているのです。

わたしは毎朝そのお姫様とお話しする

のですが、ある日そのことに気がついて、びっくりしました。わたしの見間違いかと思い、訪れた友人に聞いてみると、やはり顔だけ少し右を向いている、とおっしゃいます。本当にふしぎな現象です。

お姫様が八幡様に顔を向けているのに、そばの親王様は、毅然として真正面を向いたままなのです。なぜお姫様だけが……わかりません。ともかく、ここ田端のわが家では、お人形さんも生きているのです。

金色の光景と虹色の風景を見る

まだあります。もう三十年ほど前のことです。祖父が亡くなり、葬儀のお礼にお寺さんに持っていくお酒を買いに行きました。大きな酒屋さんで、薄暗い店内でお酒を包んでもらっていると、話している酒屋のご主人の声がずうっと遠くなり、金色の光が屏風のような形になってわたしの右目のほうからカタカタと音を立てて押し寄せてきたのです。

あれ！　と思っている間もなく、店内が全部金色に輝き始めたのです。棚に並んでいる酒瓶から天井まですべての黄金色に染まっていったのです。何がなにやらわからないでいると、ご主人の声で我に返りました。あの黄金色は一生忘れられません。――これがわたしの最初の金色体験でした。

次は、それから間もないころの経験です。本郷通りを車で走っていて東大の赤門近くにさしかかったころ、わたしの左目から右目にかけてきれいな虹がかかり、車の中が虹で一杯になりました。

当然、前が見えなくなりました。危ない！　と思い、車を路肩に寄せ、止めました。車の中は虹に包まれたまま。少したって、虹がすうっと晴れていきました。

そのあと、なにかとてもいいことがわたしの身辺に起きたのです、それがなんであったかはもう記憶のかなたです。

そのあとも何度かこうした現象が起き、その都度うれしいことがありました。いいことの起きる確かな前兆、それが虹の風景なのです。

その後虹が出てくるときは、三角形の山の連なりのようになり、ダイヤモンドのような輝きや銀色まじりの光となって現われるようになりました。虹が透明なクリスタルの結晶になるのです。

そうすると、やはりそのあとに、必ずいいことが起こるのです。

どうしてこんなふしぎな現象がわたしの身のまわりに次々に起きるのか。どうやらその源は、わたしの田端の家にあるのではないか。そう思わせる出来事がしだいにわたしの家で起こるようになったのです。

光のふしぎさと神の意志

ところで、仏像や観音像のあの眼の細さは何を意味するのでしょうか。人間も座禅を組むときは自然と目を細めます。目が細いのは半眼だからです。半眼の意味は、自分の心の内と外の世界、その双方を公平に見られるからだそうです。

そうしてわたしたちも、日の光、月の光、電球、ろうそくなどの明かりを半眼で見ると、みな同じ波動の光が入ってくるのです。

この金色の光の波は、人間の体内に入って何になるのでしょう。部屋中に金色の波があふれて黄金一色になり、音もなく、ただ静寂。そんな一瞬を経験したのが前の酒屋さんでのことでした。

あれはどういうことなのでしょう？　空気を通して体内にとどく光の波動と、体内の細胞水とともに流れている気の流れとが合体して、体の中で何に変わるのでしょう。

それは、エネルギーなのでしょうか？

朝露に濡れた木々の葉。その葉の中に朝日の光の波動が通ると、ダイヤモンドの光となって木々を包みます。まばゆい光の洪水です。

この金色経験をしたあとに、車の運転中に目の中で虹色の波動が起きたのですが、それはダイヤモンドのクリスタル現象に変わりました。

自然は、わたしに何かを伝えようとしているのですが、それが何かはわかりません。

光は神様です。光がわたしの中に入ってくるということは、神様が入ってくるということです。

わたしはその神様の言うとおりに日常を淡々と過ごすのです。行動の予定は立てますが、それにはしばられません。

神の存在は、田端の家のふしぎな現象を説明してくれます。その現象すべてに、神の意志が込められています。

来たりくるメッセージ

わたしの寝ている部屋は、二階の東側の角部屋です。東南に大きく張り出した出窓があり、西側の壁に付けて、昔の造りの黒檀《こくたん》のお仏壇が置いてあります。お仏壇に枕を向けてわたしのベッドがあり、その上の高いところに神棚があります。神棚には八幡神社の新年の御札を納めてあります。

南側は本物の神社ですから、気がついてみれば、わたしは四方を神仏に囲まれている部屋で寝ているのでした。ふしぎのみなもとは、そこから来るのかもしれません。

地震がくると、どんなに弱い地震でも、まず仏壇がガタガタ音をたて始めます。その音で、おや地震かなと飛び起きて、テレビをつけます。地震を真っ先に知らせてくれるのは、いつもこのありがたいお仏壇なのです。ところが近ごろ、このお仏壇に異変が起こっています。夜ベッドにつくとすぐにカタカタと小さな音が鳴り始めるのです。テレビをつけても地震情報は流れていません。でも確かに、静かな振動が音とともにわたしの体に伝わってきます。

それは昼間でも同じ現象が起き、最初は、西側の広大な区画整理工事の作業の音、ブルドーザーのせいだろうと思っていました。でも、作業の止まっている夜間にも、工事のない休日でも、夜になると、仏壇がカタカタ鳴り始めるのです。

はて、どうしてだろう？　と考えました。

掘り起こされた地面の下で、なにかが起きている？

はるか昔の縄文時代の遺跡が現われるまで掘り下げた地中から、数千年前の赤土が顔を出し、太陽の光を浴びて長い眠りから目をさました。このあたりの土地の神様がびっくりして会議でもやっているのだろうか。きっと、そうに違いない。

わたしはその神々の語り（波動）を子守唄にして眠りについている。そう思うようになったのです。

神々からのメッセージを、わたしの体を通して、みんなに伝えなさいと言っているのではないだろうか。宇宙、太陽、風、それらの意思が、波動となってわたしの体に入ってくる。そう思うようになりました。いつしかわたしは、こんどは何だろうと、わくわくして神々のメッセージを待つようになったのです。

毎日進む区画整理の現場の近くに立って、古代の赤い土を見ながら、真っ赤に沈む夕日を眺めます。なにか遠い古代の人びとの魂と一緒になったような心持ちになって、そんな神々しい日暮れの光景を見られることの幸せを味わっています。

夕暮れの田端の丘にたたずむわたしがいる。

時空を超えた時とは、こういうことをいうのでしょうか。

朝の四時に聞こえてくる声

考えてみると、田端の家のふしぎな現象はだいぶ前からありました。主人が他界した年の出来事です。

わたしが一人になり、さびしいだろうと母が田端に越してきました。二人で一階の日本間で寝ていると、急に右脳、額の右上から声が聞こえてきました。

「会長挨拶のとき、〝あいおまく〟を話しなさい」

いままで聴いたことのない澄んだ男の人の声です。びっくりして飛び起き、電気を点けました。母が目を覚まし、「どうしたの? まだ朝の四時よ」と言います。

当時わたしは、ソロプチミスト東京・新宿の会長になったばかり。就任の挨拶で何を話すか、悩んでいたのです。「あいおまく」はわたしの敬愛する岸直江先生にいただいた大好きな言葉です。

あ　あせるな
い　いばるな
お　おごるな
ま　まけるな
く　くじけるな

わたしは会長挨拶に、朝の四時に言われたとおりに「あいおまく」のお話をしたのでした。すべての人へ「愛をまく」よう努めましょう。だけど愛をまく側はこのように自分を厳しく律しないといけません。――このスピーチはとても好評でした。

二回目の四時の声は、そのすぐあとにありました。暮れのチャリティーパーティーが迫っていたときのことです。

床に入っていたのですが、やはり午前四時、右脳のあたりで男の方の声がしました。

「サイト・セイバーズ」

ハッとして目を覚ましました。すると気配を察した母がまた言いました。

「朝の四時よ」

「サイト・セイバーズ」とは、バングラディッシュの栄養失調がもとで盲目になった五歳以下の子どもたちに救いの手を差し伸べる活動をしている世界的な組織です。

当時の日本は、子どもの肥満や生活習慣病が話題になるほど過食・飽食の時代でした。学校給食をやめようという動きもあったくらいです。同じ地球に住む子どもたちが一方でこんな悲惨な状況にあるのです。

わたしは朝四時の声にしたがって、こうした子どもたちを助けようと呼びかけのスピーチをしました。会場に大きな感動の拍手が湧き起こりました。

いつも言われたとおりに行動すれば、わたしはこうして助けられるのです。どなた様かわかりませんが、大変感謝しています。

これって、ひょっとして神様の啓示？　ということでしょうか……。上の世界でわたしをコントロールしてくれる人（？）がいるのでしょうか……。

そんなことが連続して起こり、あるときわたしは数字の研究者に、「四」の意味について尋ねました。

彼はこう言います。

「四は『死』に通じ、日本ではよく思われない数字ですが、実は大変すばらしい数字です」

――そうなのか！

「わたしは朝の四時に声が聞こえるんです」

とわたしが言うと、その研究者は、

「朝の四時はチャクラがひらく時間です。その声は宇宙からのあなたに対するメッセージです」

と言うのです。その声が聞こえたら素直に従うと良い結果が出るとも言われました。

それからは、何か大事な判断にせまられると、わたしはその「午前四時の声」を待つようになりました。待っても降りてこないときは、それでも待つように努めます。辛抱強く待つ姿勢を教えられました。

人間はなかなか待てないものです。でもあせると、判断を誤ります。答えはすぐ出してはダメ、じっくり考えて、実行するのです。
午前四時の声が聞こえるというのは、神様からのご褒美と思って、ありがたくお受けしています。

やはりこの家には神様が棲んでいた

川越の藤井達子さん（国際ソロプチミストアメリカ・日本東リジョン三代目ガバナー）がわが家にお泊りになったことがあります。深夜の十二時過ぎ床に入り、うとうとと眠りかけたとき、耳元でカタカタ、カタカタと音が鳴り始めました。外の風の音かしらと耳を澄ましましたが、ちがいます。風の音ではありません。するとそのうち、コトコト、コトコトと小さな振動が伝わってきました。

藤井さんは、その音がさきほどわたしと話し合っていた家の「音」であることに気がつきました。藤井さんは驚いたようです。この晩のことを藤井さんはわたし宛のお手紙にこう書いてくれました。

年に何回かお邪魔する髙橋さんのお家へ伺うことがなによりの楽しみです。たまたま先日伺ったときのお話に、髙橋さんの家は「ふしぎな家」という話が出ましたが、気にしませんでした。次から次とよく話題がつきないほどおしゃべりして床に入り、ウトウトした折、あら？　カタカタと音がしました。その音がなにか懐かしく、やさしく体を抱かれる感じです。

あぁ、この音なのか、さきほど髙橋さんの話していた音は。わたしにも聞こえてくるなんて、とてもびっくりしました。

あの晩は、カタカタいう音に抱かれるようにして朝までゆっくり休みました。あれはなんの音なのでしょう？　あたたかい音、幼かったころの母の手の音？

藤井さんはわが家のカタカタ鳴る音を、「幼かったころの母の手の音」かしらとおっしゃるのです。なんとロマンチックな想像でしょう。母の愛は神の愛に通じます。

こうもふしぎなことが重なると、この家には神様が棲んでいると思わずにはいられません。

この家の地中に神々が集まり、なにかを語り合っている。わたしはそう思っています。その声が音となり振動となって伝わり、わたしたちと時間を共有する。神々とわたしたちの融和の瞬間です。この家でその体験をした人はみな、いつの間にか一つの家族になるのです。

東南の部屋から西北の部屋まで、同じ音と振動があるということは、どの部屋にいても、神様と融合して安らかで暖かい気持ちになれるのです。

家の中にあるすべてのもの、柱、壁、床、家具、植木……すべてが息づき、すべてが微笑み、すべてが助け合っているのです。

いつ、わが家がこのようになったのか？　わたしにもはっきりしないのですが、わが家に出入りする人々の「みんなのために」という、やさしい慈愛の思いが、いつか神様をお呼びする力になったのだと思います。

来る人みんなが透明になる家

みなさんが田端のわが家に来て、二階の応接間のソファーに座って、話し始めると、ふだん滅多にしゃべらないこともぺらぺらと口をついて出てくるのです。気がつくと、何もかもしゃべっています。

話したくなる。楽しくなる。

どうしてでしょう？　わたしにもその確たる理由はわかりません。

わが家の部屋という部屋には、一階にある酵素風呂の香りとガスが充満しています。家のどこにいても酵素の力が染み付いているのです。わが家を訪れた人の体の中のものを全部吐き出させる――酵素のすごい力。

たぶん、そういうことなのでしょう。

五十五年前、八幡神社の神域にあるこの家に越して来て、わたしにいくつものふしぎな経験をさせた神々が酵素の力を受けて、わが家をさらにすごい空間に変えてしまったのです。

この家にいるだけで自然に力が湧き、気持ちが落ち着き、いつもポジティブな気持ちで動けるようになる……。

わが家によくいらっしゃる、ある経営者の方がこうおっしゃいました。

「髙橋さん、この家の柱という柱、壁という壁、みんな呼吸しています。この家は息づいているんです。まるで神様が棲みついているみたいに。ここは来る人みんなが透明になり、素直になる空間です。今日は僕も、気がついたら昔の古傷をみんなしゃべっていました」

かつて遊び人で鳴らした彼は、考えてみればひどい仕打ちをしたと、若いころの女性遍歴を懺悔したのです。別にわたしが聞き出したわけではありません。わたしはただ、黙ってそれを聞いていただけです。

この家はある意味で「告解」の家なのでしょうか。人は告解すると、深い安堵とやすらぎに包まれるそうです。

いつの間にか、わが家はありがたい家になっていました。

こんなありがたい田端の家も、一度なくなる危機を迎えたことがあります。

主人が他界し、わたしがサロンドエフの仕事に忙殺されていたころ、田端の家をわたし一人で維持していくのは大変だろうと、まわりから、家を壊して駐車場にしてはどうかと勧められたことがあったのです。

わたしも実は、一瞬そんなことも考えないではなかったのですが、七十歳になったらサードファミリーを始めたいと考えていましたから、息子二人にそのことを打ち明けました。

そうしたら、息子たちは口をそろえて、そういうことだったら家を壊さないで、そのまま使いなさいと言ってくれたのです。息子たちのこの言葉がなかったら、あの時点でこの田端の家は消えていたかもしれません。

いま田端のわが家に、すばらしい人たちが次々とやってくるのは、生命を助けられた家からの恩返しかもしれません。助けられたお返しに、わたしへすばらしいプレゼントを贈り続けてくれている……きっとそうなのです。

吉川文子さん　叶わなかった「文子の会」

四年前に他界された、作家吉川英治さんの奥様、文子さんには生前とくに可愛がっていただきました。

ご高齢になり病を得た文子さんを、妹の寿美子さんとお嬢さまの賀来さんが、なにしろ余生を楽しく、おだやかに過ごさせてあげたいという思いで、文子さんを連れてわが家を訪ねていらっしゃったのです。

静岡の高名な気功術の先生をわが家にお呼びし、気功を受けたあと酵素風呂にじっくりと入られ、風呂からあがればおいしい食事と会話。わたしも交えて四人、本当に楽しいひとときを過ごしました。週に二回から三回、わが家に通われるうちにしだいに気分が変わって、気持ちも若やいでくるようでした。わたしにはそれが手に取るようにわかりました。

気功をするときはかわいいTシャツに着替えられ、それがまた長身によく似合うのです。文子さんは大変な美人でした。

文子さんは東京下谷のご出身。お父様の体が弱く、家計を支えるために働きに出ていた銀座の料亭で吉川英治さんと知り合われたのだそうです。結婚されたとき、文子さんは十六歳、英治さんは四十三歳で、二十七歳もの歳の開きがありました。

「主人に一方的に惚れこまれちゃったのよ。こちらは、まだ十六歳の子どもよ！　はじめは逃げたわよ。でも、探し出されちゃったのね、ふふ……」

名前が同じ文子ということもあり、すっかりわたしを気にいった文子さんは、わたしになんでも話してくれるのです。とても気さくな方でした。

一方で大変聡明で、若くしてご主人と死別したあと、四十年以上にわたって吉川英治記念館名誉館長として、ご主人の業績を世に伝える役割を果たされたのです。享年八十五。告別式では息子さんが、「天国で待っている父のもとに行く母は幸せです。本当に仲の良い夫婦でした」と挨拶され、わたしたちの胸を打ちました。

ご主人の代表作である『宮本武蔵』の中に登場する「お通」のモデルは文子さんという話もあるほど、人柄が抜群で、心が広く、気だてがやさしい。ご主人には献身的に尽くされ、深夜遅くまで執筆しているご主人の書斎の隣の部屋でずっと起きていて、筆を休める音がするとお茶を出していたそうです。文子さんあってこそ、あの名作の数々――わたしはそう思っているのです。

「髙橋さん、文子の会をつくりましょうよ！」とよくわたしに言っておられましたが、それも叶わぬ夢となりました。

本当にすばらしい人でした。合掌。

阿部美江さんとサムシング・グレート

栃木県足利にお住まいの阿部美江《あべよしえ》さんは、日本で初めてアメリカのカラーリストのライセンスを取得された人です。「アメリカみづき」というカラーコーディネートの会社を経営しています。

いつもオレンジ、イエロー、レッドといった華やかな原色の洋服に身を包み、素敵な帽子がよく似合う小柄な美人です。

彼女のもう一つの顔はシャンソン歌手。リサイタルを開けば、一万一千人も入る足利市民プラザを満杯にします。

彼女がシャンソンとの衝撃的な出会いをしたのは六十歳のときです。誘われて聴きに行った会場でシャンソンを歌っていたのは、なんと七十歳にもなる上品な老婦人だったのです。それまで彼女もシャンソンが好きで口ずさんだりすることはあったのですが、このご婦人の歌にはひどく感動しました。「よし！　わたしも十年計画で、こんな大きな会場を聴衆で一杯にするような歌手になろう」

それから十年間、彼女は一度もレッスンを休まず、シャンソンの勉強に励みました。

足利という町は古風な町で、女が目立つことをするとあまりよく思われません。彼女もそれまでは、目立たないように、目立たないようにと静かに暮らしていたのだそうですが、シャンソンに出会ってからはまったく人目を気にしなくなりました。

最初のコンサートは目標どおり七十歳のとき、二度目が七十三歳、昨年十月、七十七歳で三度目のコンサートを成功させました。

彼女はこう言います。

「舞台にのぼると、自分を助けてくれる人がいるの。すばらしい音量で一緒に歌ってくれるのよ。わたしもいい気分で歌い、声が出る。誰かしら……、いつも助けてくれるの。わたしはそれを、『サムシング・グレート』と呼んで、来てくれるたびに感謝しているわ」

サムシング・グレート。わたしにはなんとなくその存在がわかります。彼女のコンサートをわたしは全部聴きましたが、回を重ねるごとに上手になっているのです。

彼女はこれでコンサートは最後と言いますが、あのエネルギーはこれからも永遠に持続するような気がします。

ふしぎな力を持った人です。

杉山節子さん　大黒様に守られて

自分の畑でとれたばかりの新鮮な野菜をどっさり送ってくれるのが、ソロプチミスト小金井の杉山節子さんです。

大きな園芸農家のお嬢様がそのまま大人になったような、素直なゆったりとしたお人柄で、わたしとはとても気が合います。杉山さんもまたふしぎな人なのです。

数年前、車を運転していてスピードが出過ぎて何がなんだかわからなくなってしまった。そのとき、

「ブレーキを踏め！」

という大きな声が聞こえてきたそうです。

無我夢中で全力でブレーキを踏んだ。建物にぶつかる寸前で車が止まってくれた。

あの声は何だったのだろう？

彼女はこんな経験をしたのだそうです。

また、彼女が十六、七歳のころのこと。

生家の近くを生活用水路が通っていました。一年に一度、村中が集まって川さらいをします。彼女も参加しました。溜まっていた泥をすくってみると、手の中になにやら黒いこぶし大の塊が乗っています。水で洗うと、それは二つの米俵に腰をおろした土焼の大黒様だったのです。

彼女の家は昔からえびす講の講元をしていて、その日の神前にはお赤飯や鯛などを供えました。神様との縁が深い家なのです。ご先祖の商売は旅籠屋《はたごや》で、

馬に飼葉《かいば》と水を与える馬宿も併設していました。そのため、ふつう井戸は勝手口に掘るものですが、杉山家では家の入り口に掘っていたそうです。それだけ、水を大事にし、水とともに生きてきた家なのです。

そんなこんな、神様と水、両方との深い縁から、この大黒様が授かった。よくぞ、私の家においでくださいましたと、彼女はそれ以来、この大黒様をとても大事な家宝として祀っています。

人に恵みを与えるという大黒様。その恩恵を背負って生きる杉山さんも、田端の酵素風呂の常連さんなのです。

大坂多恵子先生　限りない慈愛のまなざし

東京にいても、どこにいても「わたしは大坂です」とご挨拶なさる大坂多恵子先生は、全国市町村保健活動協議会常任理事の職にあり、出身の仙台市で長い間、仙台キリスト教育児院に勤められていました。

先生は牧師さんのお嬢さんです。聖路加看護学校を出られて厚生省のお役人になったキャリアを持つ元祖キャリアウーマン。退官後は、実家の育児院の「丘の上乳幼児ホーム園」の園長に就任されました。

そのころ仙台の育児院に伺ったことがありますが、その施設を見てびっくりしました。一万坪もある広大な敷地内に、乳児院から小学校、中学校、そして養老院まで、人間の一生の施設が備えられていたからです。

講堂は天に向かって高くそびえ立ち、いかにもヨーロッパの教会を連想させる建物です。

二十年も昔の大晦日の夜、家の外で物音がしたので先生が外に出てみると、赤ん坊が毛布にくるまれて捨てられていました。可哀想にと先生は家の中に抱えてきたそうです。

当時の日本にはまだ乳児の施設がありませんでした。このことがきっかけで先生がいろいろな方面に働きかけ、日本ではじめて仙台に乳児院施設を誕生させたのです。捨てられていた男の子が昨年二十歳になり、先生がプレゼントしたスーツを着て就職先の北海道に渡りました。

わたしもその青年に会ったことがありますが、とても明るい好青年で、先生との実の親子のようなやりとりを見て涙がこぼれました。

先生は大正十五年の生まれですから、今年は八十四歳になります。独身で、とてもそのお歳とは思えない元気さです。東北人特有の色の白さ、肌理《きめ》のこまかいポチャッとした丸顔にキリッとした目鼻立ち。姿勢のよさとおしゃれなセンス。どう見ても、五十代から六十代ぐらいにしか見えません。

その反面、かつて結婚式をドタキャンすること二回という強者《つわもの》でもあるのです。羽澤ガーデンの森美恵子さんとは大の仲良しで、役人時代は羽澤ガーデンから登庁していたこともあるそうです。わたしは、森さんから大坂先生を紹介されました。

先生は現在、仙台と東京・大塚にマンションを構え、この二カ所を居城にして全国を飛び回っています。

先生はとてもピアノ演奏が上手です。幼いころから習っていて、いまもレッスンを日々おこたらないので、どんなに酔っても暗譜でショパンの曲をポロポロと弾いてくれます。

先生のお父様の牧師様もとてもモダンな方だったそうで、めずらしい食材が手に入ると自ら腕をふるって調理され、おいしいものをみんなにふるまって喜ばれていたそうです。お酒にも通暁し、なにごとにもセンスの良さが光った紳士だったのです。

先生はお父様のDNAを受け継がれ、お酒にはめっぽう強く、「謹酒同盟」（つつしんでお酒をいただく）の会長を自称しています。わたしは、先生の酩酊された姿をついぞ見たことがありません。

また先生は、東京人のわたしより東京に詳しく、とくに交通網はよくご存じです。電車に乗っていて突然下車し、ちょうど反対側に着いた電車に乗り換える。どーして？　と思ったら、「こっちのほうが、ずっと早く着くのよ」とおっしゃいます。

わたしなら、いったん乗ってしまえば、時間なんて考えないでそのまま座っていくほうがラクなのにと思うのですが、先生は違うのです。

いつも、頭が働いているのです。電車に乗ってもずんずん中のほうへ行きます。すると次の駅で、前に座っていた人が下車し、代わって先生が座ります。

「どうしてわかるのですか～」と聞くと、「勘でわかるのよ」と笑います。

また、待ち合わせにはきちんと時間どおりに着き、一分と違ったことがありません。すごく訓練しているなと思います。

お客様を招待したときも、飲み物には手をつけますが、料理はほとんど召しあがらない。さりげなくお客様に気を遣っているのです。わたしならおいしい料理からいただくのに……。主婦として実生活を出発したわたしと、官僚出身の先生との違いをまざまざと見せつけられた思いです。八十四歳なのに、この何気ない気の配り方はなんなのでしょう？　やることなすこと、すべて身についた自然体なのです。

「いま、上野に着いたんだけど、お時間ある～？」と電話が入ります。「どうぞ、いらしてください！」とわたし。

やがてわが家に着いた先生は、抱えきれないほどのお土産を持参していました。いつもそうなのです。仙台のかまぼこ、本マグロのお刺身、山形の富貴まめ、仙台のゴマスリ団子などなど。最後に必ず、あなたの好きな生のタラコよと差し出すので、ついわたしも頬が緩みます。

さっそく二人の楽しい酒盛りが始まります。殿方のように、〝とりあえずビール〟で乾杯の次は、お刺身に合う日本酒。そして最後は焼酎のレモン割り。先生はお酒の合間に水をたくさんとられます。これは、悪酔いしない秘訣なのだそうです。

食べて、飲んで、しゃべって、気がつくと時計の針は十二時をはるかにまわっています。お泊りになったらと申し上げても、必ずタクシーで大塚のマンションに帰られます。

お酒を愛し、人間を愛している先生。くどいようですが、御歳八十四、その飲みっぷりは見事のひとことです。

ときおり先生から、「わたしの家に来ない？」と誘いの電話が入ります。いつ伺っても先生の手料理が待っています。こんなに忙しい人がいつつくるんだろう？　しかも毎回、テーブルセッティングが違っているのです。

とくにクリスマスの日は圧巻です。玄関の壁飾り、イエス・キリストを取り巻く神々のお人形、クリスマスカラーのテーブルクロス、サンタクロースのコースター、そして目にも鮮やかなクリスマス料理とカクテル……。

綺麗な花に囲まれ、夢のような照明のお部屋。まるで少女の部屋のようです。

ピアノに向かい、「聖しこの夜」を静かに弾き始めます。なんてかわいい人なんでしょう。

先生はバリバリの現役キャリア・ウーマンで、独身です。男性にも女性にももてます。こんな硬軟両面を見事に持ち合わせた人は、そういないと思います。先生の所作・振る舞いにはいつも、う~んとうなってしまいます。

八十歳のわたしなんてまだひよこ。そばにいて、いつも勉強させられるばかりの大先輩なのです。

松村喜代子先生は　いい女の鏡です

国際ソロプチミストアメリカ・日本東リジョン初代B地区理事、松村喜代子先生のもとで二年間、わたしはセクレタリーを務めました。先生は茶道裏千家の家元のいとこにあたり、日中国交回復に大きな功績のあった政治家・松村謙三氏の次男の奥様です。

先生のセクレタリーにとご指名があったとき、わたしはあまりの恐れ多さに

中央の和服姿の女性が国際ソロプチミストアメリカ・日本東リジョン初代B地区理事・松村喜代子先生。先生のセクレタリーを務めた２年間は、もっとも充実した日々でした。

一度は辞退したのですが、「先生はなんでもできる大物だからこそ、何もできないあなたでなければだめなのです」と諭され、引き受けてしまいました。

松村先生はいつもすてきな和服姿。カバン持ちのわたしはブティックをやっていることもあり、流行の洋服。和洋二人のコンビは行く先々で歓迎されました。これは望外のことで、とても嬉しかったことを覚えています。

先生の気どらない話術と人間性に、ソロプチミストの会員はみな惹かれました。講演では、そばにいるわたしまでが自分の任務を忘れそうになるくらい、うっとりと先生の話に聞きほれました。それくらい大きなオーラを持つ人物だったのです。

反面、とてもひょうきんな側面を持っていて、思いもかけない場面でそれを見せてくれます。

二人で立川市のクラブをまわったときのことです。移動途中で時間調整のためひなびた駅で降りました。先生が「こういうところは、駅のそばに美味しいお店があるはずよ」と言います。そうして見つけた店でいただいた川魚料理とお酒のなんと美味しかったこと！

先生がお酒を一口含んで微笑み、「ね、当たったでしょう」。先生はなんでもご存じなのです。

すべてがこんな調子で、先生のセクレタリーを務めた二年間は、わたしのこれまでの人生でもっとも充実した月日でした。

人の心をつかみ、実行させる。その巧みさにほとほと感心しました。やさしい言葉を諄々《じゅんじゅん》と紡《つむ》いで、相手をいつの間にか納得させる。人の話をよく聞く耳を持っている。人間の良いところ、悪いところを具体的に話す、などなど——。

これまでいくどか迎えた難関も、こうした先生のお知恵を借りてなんとか乗り切ることができました。

先生はこう言います。

「自分もあなたも同じ人間だから、同じものを持っているのよ。だから、相手の欠点を許すの。心をひろく持てば、自ずとみんなが寄ってきます。そしてまとまるのよね」

こんなすばらしい方と朝な夕なに話ができた二年間が、わたしを人間として鍛えてくれたのです。

温めていたサードファミリーの構想を話したときも、「とてもいいことだから、ぜひおやりなさい。わたしも応援するわ」と、名誉顧問になっていただきました。

先生は、茶道はもちろんのこと、長唄、三味線、日本舞踊、新内と芸事はなんでもござれ、日本の古典舞踊に精通しています。歌舞伎の四代目中村雀右衛門さんがご贔屓で、ご自分の羽織の左の紋に「すずめ（雀）」をあしらっていました。右の紋はご自分の紋である「うさぎ」。羽織の中で、すずめとうさぎが仲良く対になって遊んでいるのです。――粋ですね～ぇ。

2009年、国際ソロプチミスト東京―新宿20周年記念行事にて。
ニューヨーク姉妹クラブから、ソプラノ歌手をお呼びしました。

舞台のとき、客席から声をかけます。男性ならふつうのことですが、女性がかけたときは大変。その役者さんは楽屋のみなさんにご祝儀を振る舞わなければならず、声をかけた女性は楽屋にたっぷりご祝儀を持っていきます。そんな歌舞伎の粋なしきたりもいろいろと教えていただきました。先生と出会えなかったら知ることのなかった世界です。

若い人こそ、こうした経験豊かな人生の先輩と積極的に交わるべきです。そこで得られる知識が若い人の人生を豊かにするのです。

ソロプチミスト東京・新宿の二十周

年行事のとき、鏡開きの前に先生に「木遣《きや》り」を唄っていただき、会場は大いに盛り上がりました。先生の江戸前ふうのきっぷの良さは、まさに女親分の風格です。

ちょっと言葉は悪いですが、わたしたちがめざす〝いい女〟の代表、それが松村喜代子先生です。

星のゆびわを母親へ――五十年前の約束

わが家によくみえるある雑誌社の編集長のお話です。

長年連れ添った妻との離婚が成立しました。そのしばらく前から嫁と姑の確執で妻とは別居、母親は施設に入りました。彼は家に帰っても一人ぼっちです。夜は行きつけの酒場で過ごします。体調が良いときは外に出られますが、毎年二月ごろに必ず、すい臓の持病が起こります。そうなると少なくとも十日間は、酒はもちろんのこと、何も固形物を口に入れることができなくなります。点滴とスープの日々を過ごすのです。

その彼が、助けを求めてサードファミリーにやってきました。

彼が口にできるのは、

ジャガイモ・ニンジン・タマネギのスープ
新タマネギとベーコンのスープ
トマトとしらすのスープ
白身魚と白菜のスープ
玉子スープ

これだけですが、それも具はいっさい食べられない。バターや肉類もダメ。スープだけをすするのです。四、五日すると、やっとおかゆが食べられるようになります。

本人は毎年のことなので、自分の体調はよくわかっていると言います。

そんなある日のこと、明日は母の誕生日なので何を持って行ったらいいだろうと彼から相談されました。

ケーキ、コーヒー、それとも……と二人でいろいろ考えました。そのうち彼が、昔、子どものころ母親に、「いつか星のゆびわを買ってあげるね」と約束したことを思い出したのです。

「それがいい〜」とわたしが叫んでゆびわに決まりました。きっとお母さんも喜ぶだろう！

その日は夜になって雪になり、徐々に積もり始めました。翌日彼から電話があって、今日は天気も悪いし、自分の体調も良くないから、日を改めると言ってきました。

もう外は天気になり、雪も溶けているのに……。

わたしは電話口で彼にこう言いました。

「いい天気になってるわよ。ほかの日に行ってもお母様はちっとも嬉しくない。今日しかないでしょう！」

きのうあんなに二人で持っていくものを考えたんだから、今日行ってきたら、と激しく反発してあげたのです。

すると彼は、案外素直に「じゃあ、やっぱり行ってきます」と言って電話を切りました。

夜になって彼が田端のわたしの家にやってきました。彼は、

「髙橋さん、ありがとうございます！」

と満面の笑みを浮かべてわたしの手をとり、深々と頭を下げたのです。

「母の写真を見てください」

と携帯電話に写っているお母様の写真を見せてくれました。お母さんは本当に嬉しそうな顔をしていました。

「よかったわね〜」

と、わたしは思わず彼の手を握り返しました。

彼は日ごろお母様のことを、かみつき魔と呼んでいて、何をしてあげても満足してもらえず、きつい言葉ではね返されるとぼやいていたのです。

今回のゆびわも、そんなものと言ってつき返されるんじゃないかと思っていたらしいのです。それが、

「うわ〜、うれしい」

と叫んで、すぐ指にはめてくれたのです。

サイズもあてずっぽうで十二号を求めたのですが、本当は十三号なのに痩せて十二号がちょうどよくなっていた。彼はそんなことを知らずに買ったのに、あまりに嬉しそうな顔をしている母のそんな姿をはじめて見て、なにも言えなくなったのだそうです。

デパートの売り場でどれにしようかと、ずいぶん迷ったそうですが、はじめから黒ダイヤのゆびわが気にいって、これしかないと決めて買ったものでした。

わたしは、「なぜ、黒ダイヤなの？」と聞きました。

彼が四、五歳のころ、仮性近視で目が悪かった。お母様が毎晩夜空の星を見させて、少しでも目が良くなるよう星の話をして聞かせたのだそうです。

「母さん、いつか星のゆびわ買ってあげるね、とそのとき僕は言っていたんです」

と彼。

その星の色が黒ダイヤの色だったのです。黒ダイヤの両脇に小つぶのダイヤがきらめいている。まさに子どものころ彼が見た、夜空の星そのものだったのです。

ゆびわをはめた母親の第一声が、

「五十年、待ったわ」

という言葉だったそうです……。

お母様も、幼い彼が言ったことをずっと覚えていたのです。

わたしはもっと安いファッションリングの星形のものかなと思っていたのですが、彼は本物の高価な黒ダイヤを選んでいたのです。

その夜、彼はわたしに寿司の出前をとってくれ、ノンアルコールのビールで乾杯しました。彼がおいしそうに寿司をほおばりました。

あ、お寿司が食べられる！

持病が治ったのです。黒ダイヤの夜空の星のおかげです。わたしは心から、

「よかった！」と思いました。

中原加寿子さん　三つのゆびわ

ゆびわといえば、もう一人、素敵な物語を持っている方がいます。中原加寿

子さんです。

彼女の嫁いだ先は大きな会社を経営していて、夫はそこの社長さん。よくあることですが、お姑さんにはさんざんいじめられ、だいぶつらい思いをしたそうです。

親しくなって、彼女のお宅に伺ったとき、「これはわたしの宝物よ」と言って、金庫から出して見せてくれたものがありました。

それは、きれいな布に包まれた三つのゆびわでした。

彼女には一人息子がいます。

お姑にいじめられる母親の姿を見て、息子さんも子どもながらに心を痛めていたのでしょう。近くの赤城神社のお祭りに行き、屋台の店で売っていたゆびわを買ってきてくれたのです。

「お母さんもゆびわをして！」

「……」

嬉しくて、涙がこぼれたそうです。

そのゆびわのプレゼントは一回だけではありませんでした。最初が、息子さんが五歳のとき、二度目は、小学校にあがった六歳のとき、三度目は、小学校の二年生のときです。

最初のときの値段は十円、二度目は十五円、三度目は、赤いガラス玉が付いていて三十円だったそうです。

彼女はいま、何百万円、何千万円もする宝石やゆびわをたくさん持っていますが、「いちばんたいせつなものは、この三つです」と、わたしに言ったのです。

それは、とても幸せそうな顔でした。お姑さんの晩年、嫁と姑の二人の仲はとてもよかったそうです。

息子さんのゆびわのおかげです。

斉藤菟美雄さん　田端の家に遣わされた神の使者

酵素風呂の臭いに悩んでいたころ、それならとてもいい人がいると迫登茂子先生に紹介されたのが、臭いの大家、斉藤菟美雄《とみお》さんです。

斉藤さんは環境関連製品を扱う株式会社ニチゾーの社長さん。この会社は、とくに生活排水の浄化の研究では世界的に注目され、ナイジェリアなどから研究者が学びにくるほどの優れた会社です。

斉藤さん自身も、東西の歴史、神事、仏事、体、動物、植物、天体、自然、農業など、それは博覧強記の人で、研究熱心。わたしは大変な勉強をさせていただきました。

もちろん、酵素の臭いについていろいろなアドバイスを受けましたが、なにより大変すばらしい人柄で、人脈も多彩、毎日のようにふしぎな人々を紹介いただいたり、田端の家にお連れしてくださったことには本当に感謝しています。

斉藤さんに紹介していただいたふしぎな人を思い出すままに挙げてみます。

斉藤さんが、「髙橋さん、田端ならすごい方がいますよ」といって紹介してくれた藤原和晃さん。神儀古式宮舞（カムフリコシキタマヤマイ）九十八代家元。神儀古式宮舞とは、宮中や伊勢神宮など日本古来の祀りを行なう際の神楽の舞いのことで、舞いを踊る神子《みこ》さんたちの大元です。つまり藤原さんは女性です。

同じ田端でも、藤原さんのお宅はわが家とは線路を隔てています。一度お邪魔したことがありますが、菊のご紋のついたうやうやしいビルだったのには驚きました。案内された祭壇にはいかにも由緒ありそうな神具や巻き物などが安置されていて、壁面には大きな和太鼓がいくつも並んでいます。まさに神の空間という気がして、恐れ多い気分になりました。

「わたしは命がけで、神儀古式宮舞を時代に伝える使命があるのです」

こう言われた藤原さんの淡々とした口調がとても印象に残りました。玄関を辞するとき、こういうふしぎな空間で日本の古来の儀式は守られているんだなぁと、しみじみ実感しました。

ほかには、宇宙のふしぎな写真を撮られる大宙桃子《おおぞらももこ》（環境芸術写真家）さん。ご自分が声帯をなくし、自ら開発された発声法を世に広める活動をされている銀鈴会の中村政司さん。残念ながら中村さんは鬼籍に入られました。

ほかにも数え切れないほどのふしぎな体験やキャリアをお持ちの方を斉藤さんにお連れいただきました。迫先生といつも話すのですが、斉藤さんはきっと、サードファミリーの存続のために、田端の家に必要な人をお連れする役目の神様の御遣いなのでしょう。いつも感謝しながら、斉藤さんのお連れする人々にお会いさせていただいています。

迫登茂子先生　天から遣わされた「道開き」の人

迫登茂子先生。この人こそ、なんとふしぎなめぐり合わせなのでしょう。

わたしがソロプチミスト東京・新宿の会長をしていたとき、姉妹クラブをつくるため小金井の前田多美子さんのお屋敷に伺いました。そこには十人ほどの人が来ていて、その人たちを前にしてわたしは話し始めました。

ボランティアとは愛に始まり、愛に終わるもの。すべてのものを愛しましょう、うんぬん……と。

すると、話を聞いている人たちみんながニコニコと、なにやらざわめき始めました。そのとき前田さんが立ち上がり、わたしに小冊子を手渡してくれました。見ると、表紙に「愛」と書いてあるではありませんか。

「エ〜ッ！」

動転するわたしをニコッとして見上げている人がいました。それが迫先生だったのです。

なんとわたしは、愛の大家の前で堂々と愛の話をしてしまったのです。顔から火が出るほどの恥ずかしさでした。

これがご縁で、迫先生とはその後十余年にわたるお付き合いとなり、心の友となりました。

先生はわたしと同じふつうの主婦。九州の宮崎師範を出られて教師となり、結婚されて子どもを育てた、ごくふつうの市井人です。

その迫さんに、あるときからふしぎな現象が頻繁に起きるようになりました。群馬県の足利で祝詞《のりと》を受けられたとき、迫さんは決定的な体験をされます。そのときの様子を迫さんの著書『みんないい人ね』（風雲舎）から抜粋してみましょう。

「足利で祝詞をいただいているとき、じっと目を閉じ、手を合わせていた。祝詞の意味はわからないが、響きがなんともいえない安らかさだ。ゆったりと体がほどけ、結滞ぎみだった血の巡りも好転し始めた。

するといっていたとおり、手が動き出した。ひとりで祈っているときと違って、祝詞がぐいぐい引っ張っていく。みっともないからやめようとすると、

『やめないで、そのままそのまま』

と行者がおっしゃる。後はお任せしかない。

祈り続けてどれだけ経ってからだったろうか、突然、私の体の余分なものがスポッと頭から抜けた。抜けて、体内にポッカリと穴が空いたような感じになった。

その瞬間、上から光が、体の中に、一杯いっぱいはいってきた！

体からはみ出した光で全身が包まれた！」

このときから迫先生は、ご自分の手を伝わって天から指示を受け、それを文字にして伝える天の使徒となられたようです。

「どうしてこうなるのか、わからない！」と言いながら、起きたことに素直に従います。一日でも、二日でも、文字を書き続けることもあります。手が勝手に動いて止まらないのだそうです。家中、紙の山になってしまいます。

その後先生は「十一日会」という集まりを始められ、数知れない人に紙に書いた天のご指示を差し上げてきました。

先生はなにしろ、素直な人、まったく無欲の人、心の広いやさしい人、けっして偉ぶらない謙虚な人。先生を慕って集まられる人の数はとても多く、この十一日会はもう二十年も続いています。

ふだんはどこから見てもごくふつうの柔和なご婦人ですが、いざ相談者に天の指示を与えられるときは一変して、キリリとした顔つきになられます。

「これは私が言うのではない、天の意思なのです！」

そうして示される天の導きで、これまでにいったい何人の人が救われたことでしょう。

迫先生は、いざという時の「道開きの人」なのです。

先生はわたしの一つ年下で七十九歳。古武士のようなご主人に仕え、二人のご子息を立派に育て上げ、天から与えられたお役目を淡々とこなし、お呼びがあれば九州から北海道、果てはヒマラヤからスリランカ、どこへでもすぐ飛んで行きます。

中肉、中背、色白の丸顔の美人。いつもニコニコしている彼女のどこから、こんなすごいエネルギーが出てくるのでしょう？　神様が後押ししているとしか思えません。

「十一日会」が開かれるのは、小金井の閑静な自宅で、毎月一回。誰でも参加でき、会費一一〇〇円で、お茶とお弁当が出ます。二間つづきの日本間に座布団が敷かれ、男女取り混ぜていつも一杯になります。

説話のテーマは、そのときの気の流れのままに、先生に起きた良い話、みんなが知りたい話題など、それは盛りだくさんです。

会には、わざわざ地方からおいでになる方もいます。とくに教養人とおぼしき男性の姿が多いのに驚きます。夕方までゆっくりと楽しみ、心身ともにゆったりとなり、みなさんニコニコして帰られます。

後片づけやお掃除は参加されたみなさんが自発的にされます。別に頼んでいないのにと、先生はふしぎな顔をします。

迫先生とわたしは電話で一時間も二時間も話します。こちらがかけたいと思ってかけると、先生も「わたしも電話しようと思っていたところよ！」。こんなことはしょっちゅうです。
わたしたち二人の共通点です。
・いい人ばかり集まってくる
・二人の家を訪れた人たちは生活がいい方向に回りだす
・素直、無欲。天に与えられたとおりに生きる
・誰かに動かされている。そして誰かに守られている
（その誰かは、天なのかあるいは神なのか、わからない）

二人の違う点。
迫先生は、天からのご指示を受けて動く。
わたしは、人間から直接教えをいただく。

二人の指示の受け方は違っていても、話している中身と次元はまったく同じなのです。いつも同じ結論で二人の話は終わります。
先生はわたしより若いけれど、わたしがサードファミリーを始めて十年、迫

先生は「十一日会」を始められて二十年、わたしより十年長いキャリアを持っています。「いまから十年後が楽しみね」ということでいつも話が終わります。わたしにとって、迫先生は得がたい友人、心の支えなのです。

居心地のいい「ふしぎな家」をつくりましょう

人生の始発は家、終点も家です。家は、関わりあうすべての人びとによって輝きを幾倍にも増します。わたしの終点が何時になるかはわかりません。もっともっと先かもしれないし、明日かもしれません。だからこそ、心休まる暖かい家、ふしぎな家がわたしにも、あなたにも、必要なのです。

家は単なる建造物ではありません。それぞれの人の心の中にある居場所、それが家なのです。ふしぎなもの、それが家です。

あるときは、喜び。

あるときは、なげき。

あるときは、涙する。

わたしが居心地のいい家をつくろうと、日々心がけるのは、自分のためだけではありません。人のためにも良かれと念じながら、ここまで五十年余、せっせと家づくりに励んできました。

わたしは一人では生きられない。神様がお引き合わせくださるご縁のある人びとに支えられ、また支えて、わたしの生があります。

そうした心の通じ合いになくてはならない場所として、わたしの家はさまざまなふしぎを見せながら、今日もお客様をお迎えします。それがわたしのかけがえのない幸せ。幸せは、手の届くところにあるのです。

どうぞ一度、田端のふしぎな家にお越し下さい。

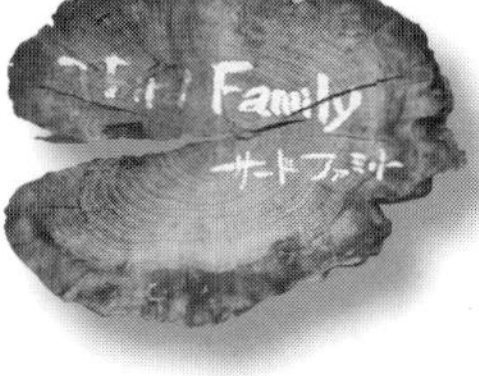
Family
サードファミリー

〈おわりに〉

ひょんな出会いから、わたしが本を出すことになりました。自分ながら、ええっ！　という思い。

わたしは体を動かすことは自信があります。でも、文章を書くことにはまったく興味がありませんでした。もともと本をあまり読みません。もちろん文章もヘタ。活字とまったく縁のない生活でした。

わたしの得意分野は「人間」。人間大好き！　出会ったら、どんな人でも興味を持ちます。その人の話を聞くことが好き。だからわたしの知恵袋はそのときそのときに出会った人。いつも出会った人から教わります。

そのまったく文章に縁のなかったわたしが、誘われて書いてみようという気になり、自然と手が動いて、上手下手は別にして、思っていることが文字となってノートに表れてきました。すると、またその気になって書くことがますます面白くなってきました。

そして、お正月も過ぎた一月の末ごろ。

そんなノートが十冊もたまったある日、身近にいる何人かの人から、本を出すのやめたら、といわれたのです。

ちょっとした行き違いから出た言葉だったのですが、わたしはその言葉に打ちのめされました。脳が真っ白になりました。

毎日書いているわたしの気持ちを誰もわかってくれない。

ウゥー、やめてしまえ、――

そんなら、やめてしまえ、――

みんなが帰ったあと、ひとりで一晩中、モンモン。次の日も、モンモン。気の抜けたビールのような、苦くまずい後味が残ったままです。こんなことは、いままであまり出会ったことがない。

よし！　浅草の観音様に行こう。なにかあると、行きたくなる場所。浅草生まれのわたしの心のよりどころ。

すぐ、出かけました。

観音様への近道の地下鉄の地下道に占いの館が何軒かあります。これまで一度も入ったことがありませんでしたが、今度ばかりは入ってみたい心境です。

近くのラーメン屋のお兄さんに、ここでいちばん安全で確実な店はどこ？　と聞きました。あそこに大先生がいる、この人ならいちばん！　と教えてくれました。その人はテレビにも出ている有名な六十代の女性でした。

紙に氏名と生年月日を書いて、「ことしの運勢をみてください」とだけ言いました。

いちばんはじめに言われたことが、

「あなたは、百七歳まで生きますね」

――えぇッ、そんなに……。

次に、

「あなたには文章を書く神様と厨房の神様の二人が入っています」

これにはわたしもびっくり。

まさかわたしに、文章の神様がついているなんて……。

厨房の神様には、なるほどと思いました。わたしは料理が大好きで、台所にいる時間が楽しい。いつも、わが家を訪れる人のために喜んで料理をつくっています。そうか、厨房の神様がわたしを動かしていたのかと納得しました。

でも、文章の神様が入っていたとは驚きです。考えてもみませんでした。だから、このところ毎日毎日、書きたくて書きたくて自然にペンが動いていたのか。やはりわたしではなく、わたしの中に入っている文章の神様が動いてやってくださったのだ。

本当に驚きました。

「ことしは良い年です。思う存分活動していいですよ。自由に生きていい。ものごとの計画、生活設計。二〇二五年まで、なんの問題もなく行動できます」

あら、あら——

「本は絶対に出しなさい。五月ごろ宣伝が行き渡るチャンスがきます。自分一人でやりなさい。自信をもって前に進みなさい。でも、この一、二月ごろ、ゴチャゴチャしますから、気をつけなさい」

——なるほど、ゴチャゴチャしました。

そして、その占いの先生が突然言いました。

「あなたにお子さんがいるのはふしぎね……」

わたしは女学校のころバレーボール部にいて毎日激しい運動をしたため腰を痛め、このままの体ではお産ができないと医者に言われたことがあり、毎晩家に指圧の先生を呼んで治療を受けたことがあったのです。そのことを思い出しました。

そんな自分でも忘れていたことを言われたのでビックリ、この先生はすごい！　と思いました。

最後にこう言われました。

「四年たったら、いまの仕事をやめなさい。ゆうゆう楽しい人生を送れます。いままでと人生が変わりますよ。なにしろ、いまきている本の話はすすめること。あなたには一生一代の運気が来ています」

『田端のふしぎな家』という本の題名、すごくいい、面白い、とも彼女は言いました。

そのあとわたしは観音様にお参りし、気持ちを落ち着けて帰ってきました。

昨夜から今日まで二転三転、わたしの気持ちが揺れ動いた二日間でした。でもこれで、自分を信じてひそかに書き続けることを決意できたのです。

占いはあくまで占いです。でもどちらをとるか迷ったときの参考にはなります。背中をちょっと押された気持ちで、「よし！」と自分を鼓舞すれば、それはそれで気持ちは固まります。人間をその気にさせる一つの手段として占いも悪くありません。

おかげで、わたしの生まれてはじめての本が、こうして日の目を見ることになりました。

ここまでたどり着くには、本当に大勢の方の力をお借りしました。風雲舎の山平松生社長、ノンフィクションライターの斎藤一九馬さん、サードファミリーの仲間たち、そしてわが酵素風呂クン。いまはただ、感謝あるのみです。

さて、わたしの「田端のふしぎな家」はどんなふしぎを持っているのでしょう。なぜ、毎日毎日いろいろな人がひっきりなしにここを訪れるのでしょう。わたし自身もふしぎです。

「田端のふしぎな家」のふしぎなお話、お楽しみいただけましたでしょうか。そんな「ふしぎな家」を持ちたいと思ったそのときから、やすらぎに満ちたすばらしい人生を送ることになるはずです――。

ありがとうございます。

二〇一〇年五月吉日

高橋文子　傘寿の年に

高橋文子（たかはし・ふみこ）「サードファミリー」代表
1930（昭和５）年、東京浅草生まれ。都立忍岡高等女学校卒業。育児が一段落した50歳から、ブティック「サロンドエフ」の経営と「国際ソロプチミスト」の活動に取り組み、ビジネスとボランティア両面からさまざまな人生を学ぶ。70歳を機に、かねて温めていた「サードファミリー」構想を田端の自宅で実行に移す。サードファミリーとは、生まれ育った家庭、愛する人と築いた家庭を経て、独り立ちした女性が人々との友情や信頼のなかで育む〝三番目の家庭〟の意。年齢を重ねても社会に参加し、楽しみながら自分を磨き、誰かのお役に立ちたいという女性たちの基地。一方で、仲間が気軽に集まり、健康回復の酵素風呂を楽しみ、おしゃべりと食事を楽しむ心地よい居場所。心と体を癒すふしぎな空間となっている。

田端《たばた》のふしぎな家《いえ》
初刷　２０１０年５月31日

著者　高《たか》橋《はし》文《ふみ》子《こ》
発行人　山平松生
発行所　株式会社 風雲舎
〒162−0805　東京都新宿区矢来町122　矢来第二ビル
電話　〇三−三二六九−一五一五（代）
注文専用　〇一二〇−三六六−五一五
FAX　〇三−三二六九−一六〇六
振替　〇〇一六〇−一−七二七七六
URL　http://www.fuun-sha.co.jp/
E-mail　mail@fuun-sha.co.jp
印刷　真生印刷株式会社
製本　株式会社 難波製本
落丁・乱丁本はお取り替えいたします。（検印廃止）

ISBN978-4-938939-61-8